Landesarbeitsgemeinschaft der bezirklichen
Frauen- und Gleichstellungsbeauftragten Berlins

Berlin
Geschäftsstelle Gleichstellung,
Senatsverwaltung für Arbeit, Integration und Frauen

edition ebersbach

Avancen
Couragen
Emotionen
Koloraturen
Malochen
Miseren
Oasen

Spreeperlen

Berlin – Stadt der Frauen

Vorwort

Es gibt viele Wege durch Berlin, viele Blicke, viele Möglichkeiten, diese Stadt zu erleben und zu entdecken. Wir haben uns die Stadt aus der Perspektive der Frauen angesehen, haben nach Spuren gesucht und oft genug die Lupe in die Hand genommen. Wir wollen Berlinerinnen, Besucherinnen und Gäste gleichermaßen einladen, unserer feministischen Neugierde auf die Geschichte und Gegenwart der Berliner Frauen zu folgen. Dieses Buch zeigt ein Panorama der Stadt, das an jeder Stelle die Präsenz von Frauen und vor allem deren Engagement für Gestaltungsräume, Gleichberechtigung und Emanzipation zeigt.

Wir wollen erzählen, nicht aufzählen. Darum haben wir Stichwörter gewählt, die exemplarisch, zufällig oder stellvertretend auf Geschichten verweisen, die davon erzählen, wie Frauen in dieser Stadt gelebt, gekämpft, gearbeitet, geliebt und gelitten haben. Oft genug verborgen oder nur auf den zweiten Blick zu erkennen, braucht es Wissen, Interesse und Leidenschaft, um das Wirken von Frauen aufzuspüren. Die Kämpfe der Frauen für

politische Teilhabe, das Wahlrecht, die Selbstbestimmung über ihren Körper und ihr Leben, für Bildung und Arbeit stehen im Mittelpunkt unserer Geschichten – und sie stellen sich erstaunlich vielseitig dar.
Berlin ist eine Stadt. Was geschieht und was geschah, hat einen Ort. Wir zeigen die Orte, und oft genug führen sie uns Unvermutetes vor Augen. An den Orten erkennen wir das Tun, die Spuren und die Veränderungen, wir sehen das Verschwundene, die Verluste, die Gewalt, die vielen Schichten und Facetten, die erst den Zusammenhang der Stadt ausmachen. In den Fotos spiegelt sich viel vom Witz und von der Verborgenheit weiblicher Stadtansichten wider. Und sie machen Lust auf mehr.

Geschäftsstelle Gleichstellung, Senatsverwaltung für Arbeit, Integration und Frauen

Die Landesarbeitsgemeinschaft der bezirklichen Frauen- und Gleichstellungsbeauftragten

Avancen
Hier befand sich der Imbiss-Stand,
in dem am 4. September 1949
HERTA HEUWER
30. Juni 1913 in Königsberg – 3. Juli 1999 in Berlin
die pikante Chillup®-Sauce
für die inzwischen weltweit bekannte Currywurst erfand
Ihre Idee ist Tradition und ewiger Genuss!
1802

Amazone (Berlin).

Amazone

Lässig und nahezu unbekleidet lässt sie vom Rücken ihres Pferdes aus den Blick schweifen – ein nicht gerade alltägliches Bild weiblicher Nonchalance, das der Berliner Bildhauer Louis Tuaillon in den frauenpolitisch eher unerfreulichen Jahren des ausgehenden 19. Jahrhunderts für den Berliner Tiergarten schuf. Nicht weit vom wilhelminisch kontrollierten Reichstag, in dem, strikt unter Ausschluss von Frauen, ein wenig Parlamentarismus geübt wurde, lockte hier die Freiheit in der schönen Form einer mythologisch legitimierten Frauengestalt, die mit der Kleidung auch die Zwänge einer in Haus und Sitte gefangenen Untertanin abgelegt zu haben schien.
Fast ein Jahrhundert später sah man immer wieder kleine Gruppen sportlich ambitionierter Damen sich zu Füßen der Amazone versammeln, die dann, inspiriert an Geist und Körper, gemeinschaftlich durch den Tiergarten trabten, manche Blicke auf sich zogen, wenn gymnastische Übungen von lauten Ausrufen begleitet wurden, und sogar übermütig das ein oder andere auf der Liegewiese ausgestreckte Bein übersprangen. Frauen eroberten sich, ganz ohne Pfeil und ganz ohne Mythologie, den öffentlichen Raum zurück, und Frauensport- und Selbstverteidigungsvereine gaben ihnen das nötige Rüstzeug. Wir wissen nicht, welche Träume den Bildhauer beim Erschaffen der Amazone bewegten; für die Berlinerinnen, die lange vor Fitnesscentern und Frauenläufen Spaß an Bewegung und Kraft entwickelten, war sie nicht nur ein Treffpunkt, sondern auch der Ort für den Traum von einer freieren Weiblichkeit. (→ **Lola rennt**)

Ort
Amazone im Tiergarten
(Nähe alte Entlastungsstraße),
Ben-Gurion-Straße, 10765 Berlin

Verkehrsanbindung
S 1, 2, 25,
U 55 Brandenburger Tor,
Bus 200 Tiergartenstraße

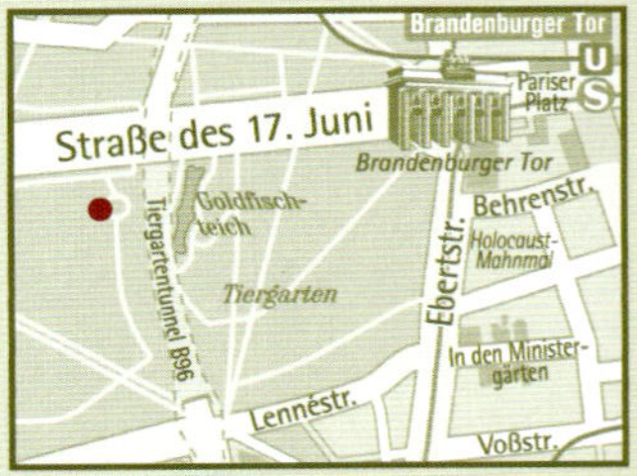

Der Traum von einer freieren Weiblichkeit

Bildungshunger

„Bücher sind Lebensmittel", steht in Leuchtschrift über einer Buchhandlung in Prenzlauer Berg. Ein Lebensmittel, das heute jeder und jedem zugänglich ist. Doch bis es frau erlaubt war zu lesen, was sie wollte, war es ein langer und mühsamer Weg. Marie von Ebner-Eschenbach brachte es auf den Punkt: „Als eine Frau lesen lernte, trat die Frauenfrage in die Welt." Wie wahr, lesende Frauen schaffen sich Freiräume, werden selbstbewusster und reflektieren ihre Umwelt und ihre Lebensverhältnisse. Sie durchbrechen die Zwänge des Alltags und befreien sich von der familiären und öffentlichen Autorität des Mannes. Wissen und Bildung machen frau unabhängig und anspruchsvoll, Qualitäten, mit denen auch mancher Mann von heute noch seine Probleme hat. Für die Mädchen und Frauen unserer Tage ist es selbstverständlich, ihren Bildungshunger und ihren Wissensdurst zu stillen: in der Schule, wo die Mädchen in der Regel erfolgreicher lernen als ihre Mitschüler, in der Berufsausbildung, im Studium, in der berufsbegleitenden Weiterbildung, in Volkshochschulen, in Wissenschaft und Forschung, in Verwaltung und Politik. Zwar sind Frauen in leitenden und Machtpositionen noch immer unterrepräsentiert, wegzudenken hingegen sind sie auch hier nicht mehr.

Waren Frauen vor rund hundert Jahren vor allem als Lehrerin, Bibliothekarin oder Künstlerin bildend tätig, kennen sie heute kaum eine Grenze, wenn es gilt, nach Wissen zu streben. Und sie finden ungewöhnliche Wege, um einander Wissen zukommen zu lassen. So den *Bücherbaum* im Kollwitzviertel; frau kann hier Prosa, Lyrik, Sach- und Fachbuch finden oder hinterlegen, ein Büchertausch der besonderen Art und ohne jegliche finanzielle Interessen. Inzwischen ist *bookcrossing* eine weltweite Bewegung zur kostenlosen Weitergabe gelesener Bücher im öffentlichen Straßenraum.

Berlinerinnen der jüngeren Vergangenheit, die ihren Bildungshunger gegen alle Widerstände gestillt haben, sind zum Beispiel Gertrud Dorka (1893–1976), Pädagogin und Archäologin, erste Direktorin des Museums für Vor- und Frühgeschichte in Berlin (➛ **Scherben-Anna**); Melli Beese (1886–1925), Bildhauerin, Luftfahrtpionierin, erwarb als erste Frau in Deutschland die Pilotenlizenz (➛ **Über den Wolken**); Helene Nathan (1885–1940), Bibliothekarin, Leiterin der Städtischen Volksbücherei Neukölln; Käte Frankenthal (1889–1976), Medizinerin, Lokalpolitikerin, Stadtärztin (➛ **Aufklärung**); Katharina Heinroth (1897–1989), Verhaltensforscherin, erste Direktorin des Berliner Zoos.

Ort
Bücherbaum, Sredzki-,
Ecke Kollwitzstraße, 10435 Berlin

Verkehrsanbindung
Tram M 10 Husemannstraße,
U 2 Eberswalder Straße

Quellen
www.luise-berlin.de
www.baufachfrau-berlin.de

mehr
Cornelia Carsten u. a.: Immer den Frauen nach! Berliner Geschichtswerkstatt 1993
Claudia von Gélieu: Wegweisende Neuköllnerinnen, trafo verlag, Berlin 1998
Historiale e. V. / Bezirksamt Mitte von Berlin (Hg.): Frauen in Berlins Mitte, Berlin Story Verlag 2007
Stefan Bollmann: Frauen, die lesen, sind gefährlich, Elisabeth Sandmann Verlag, München 2007

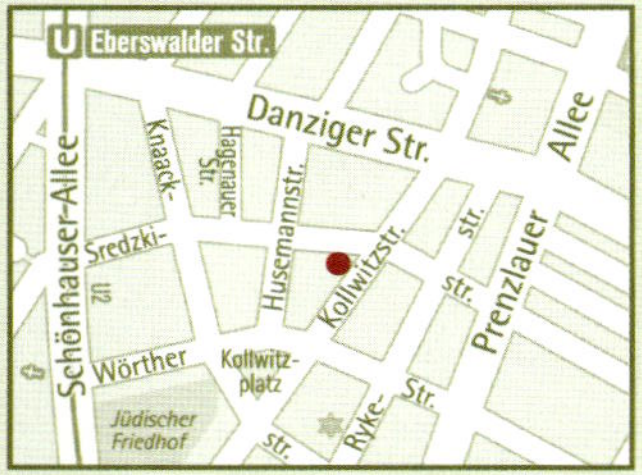

Bücher sind Lebensmittel, vor allem für Frauen.

Dada

Mit dem Ersten Weltkrieg brach die geordnete Klassengesellschaft des Kaiserreichs endgültig zusammen. Harmonie, Ausgleich, das Kunstschöne – solche Ideale in der Kunst hatten ausgedient. Radikal formulierte der Club Dada die lautstarke Rebellion gegen Werte, Bildung, Bourgeoisie und Tradition. Der Dadaismus mischte alles auf. Alles? Nein, eine Tradition blieb: der patriarchale Überlegenheitsanspruch, der sich in Frauenfeindlichkeit im Allgemeinen und der Abwertung von Künstlerinnen im Besonderen ausdrückte. (➛ **Malweiber**) Die Dadaisten rebellierten nicht gegen das Patriarchat, sondern auf seinem Fundament. Nichtsdestotrotz nutzten auch Künstlerinnen den Aufbruch in der Kunst: Sie zerbrachen das Traditionsgefüge von Ästhetik, Moral und Gesellschaft. Besonders eindrücklich: Hannah Höch (1889 – 1978), die heute ganz undadaistisch als Grande Dame des Dadaismus gerühmt wird.

Hannah Höch kam als junge Frau aus Gotha nach Berlin, studierte Kunst, arbeitete als Entwurfszeichnerin, zugleich in ihrem eigenen Atelier in Friedenau, und setzte sich tatsächlich als Künstlerin durch. Mit Collagen und Fotomontagen verschaffte sie der Zerrissenheit ihrer Zeit wie auch ihres Erlebens als Frau und Künstlerin prägnanten und wütenden Ausdruck. 1920 war sie als einzige Künstlerin an der Dada-Messe in Berlin beteiligt.

Von den Nazis als „entartet“ diffamiert, schaffte sie es, in ihrem kleinen Haus in Heiligensee quasi vergessen zu werden. Völlig zurückgezogen überlebte sie das „Tausendjährige Reich“ und schuf einen spektakulären Garten, dem sie die Motive für ihre Arbeiten entnahm. Haus und Garten sind heute der Öffentlichkeit zugänglich und erinnern an die große Künstlerin Hannah Höch, die der Revolution der Dadaisten das fehlende Bauteil hinzufügte: das Aufsprengen der patriarchalen Fundamente in der Kunst.

Ort
Künstlerhaus Hannah Höch,
An der Wildbahn 33, 13503 Berlin
Besichtigung nach Absprache,
Telefon (030) 4314824

Verkehrsanbindung
S 25 Schulzendorf (bei Tegel)

Quellen
www.hannah-hoech-haus-ev.de
www.reinickendorf.de

mehr
www.hannah-hoech-archiv.de
Julia Dech und Ellen Maurer (Hg.): Da-da-zwischen-Reden zu Hannah Höch, Orlanda Verlag, Berlin 1991
Gesine Sturm und Johannes Bauersachs: Ich verreise in meinen Garten. Der Garten der Hannah Höch, Stapp Verlag, Berlin 2007

Diva

Eine Wurst der Extraklasse, ja der Star der Berliner Imbissszene ist die Currywurst, der, kaum zu glauben, sogar ein eigenes Denkmal gesetzt wurde. Seit Juni 2003 erinnert eine Gedenktafel im Westen Berlins an die als Erfinderin der Currywurst geltende Herta Heuwer. Die Berliner Gastronomin kreierte bereits 1949 das Grundrezept der Currysoße und veredelte so die schnöde Bratwurst zum absoluten Berliner Imbisshit. Zehn Jahre später ließ Herta Heuwer sich ihre Idee patentieren und wurde so auch ganz offiziell zur Erfinderin der Currywurst.

Inzwischen kann man Currywurst in ganz Deutschland und neuerdings sogar in New York kaufen, die wahre und echte allerdings gibt es nur in Berlin. Tag und Nacht bieten mehrere hundert Imbissstände die wohl beliebteste Zwischenmahlzeit in der Stadt an. Diese Wurst hat Kultstatus; Politiker und Prominente können nicht von ihr lassen; sie inspiriert Künstler (Herbert Grönemeyer besang sie) und sättigt Hundertschaften hungriger Einheimischer und Berlinbesucher/-innen. Sogar als Ausstellungsexponat machte die Currywurst Karriere. Dirk Fellenberg fotografierte sie als „der Deutschen liebstes Gericht“ für die Ausstellung *berühmt* (2006) im Martin-Gropius-Bau, und seit 2009 hat die Currywurst gar ein eigenes Museum in Berlin.

Die Diva unter den Würsten sorgte auch für Gezänk. Ost und West stritten darum, wem die Currywurst gehört. Konnopke, ein bereits seit 1930 bestehender Imbisshandel in Prenzlauer Berg, vertreten durch die Konnopke-Tochter Waltraut Ziervogel, wurde im Ostteil der Stadt als Heimat der Currywurst angesehen und verteidigt. Auch hier wurde und wird die Wurst mit einer nach einem geheimen Familienrezept bereiteten Soße serviert und schmeckt einfach klasse.

Ort

Currywurstdenkmal: Edelstahltafel am Haus Kantstraße 101 (Gebäudeseite Kaiser-Friedrich-Straße), 10627 Berlin

Verkehrsanbindung

U 7 Wilmersdorfer Straße, S 5, 7, 9 Charlottenburg

Quelle
www.berlin.de/ba-charlottenburg-wilmersdorf

mehr
Currywurstmuseum, Schützenstraße 70, 10117 Berlin
Herbert Grönemeyer: Song „Currywurst“ auf dem Album „Total egal“, 1982
www.currybu.de

Fortuna

„Wat braucht der *Berliner*, um glücklich zu sein?“, heißt es in einem alten Gassenhauer, und die Antwort lautet: „’ne Laube, ’nen Zaun und ’n Beet.“ (➛ **Paradies**) Die *Berlinerin* allerdings ist anspruchsvoller, ihr Motto ist *Ich will alles – und zwar sofort*. So unterschiedlich die Mädchen und Frauen in dieser Stadt sind, zu ihrem Glück gehören stets Selbstbestimmung, Unabhängigkeit, gern auch natürlich die große Liebe. Mal komplettieren Kinder das persönliche Glück, mal nicht. Macht Berlin glücklich? Auf jeden Fall hat die Stadt eine Glücksgöttin. Ausgerechnet in Neukölln, dem vielzitierten Problembezirk mit Rütlischule und dem größten Sozialamt der Republik, in dessen Gängen viele Frauen auf ein bisschen Unterstützung im Kampf gegen die Armut und gegen die Gewalt in den Familien und auf den Straßen warten. Vielleicht ist hier der Einsatz der Glücksgöttin am dringendsten. Vielleicht ist es hier am fragwürdigsten, vom Glück der Tüchtigen zu sprechen und davon, dass jede ihres Glückes Schmied sei. Oft braucht es mehr als nur die eigene Anstrengung, um Glück zu schaffen: Es braucht auch verlässliche Familien und Schulen, Vertrauen und soziale Gewissheiten, um mit Glück ins Leben zu gehen. Vor allem, so lehrt es die Glücksforschung, braucht es Freiheit. Mehr als Geld, Liebe und Schicksalsschläge ist es die Freiheit von Unterdrückung und Fremdbestimmung, die für ein stabiles Glücksgefühl sorgt. Davon können die Frauen in Neukölln und ganz Berlin viele Lieder singen, auch traurige. Fortuna in ihrer goldenen Pracht schickt jedenfalls stoisch ihre Glücksbotschaften in den Bezirk und in die ganze Stadt. Und manchmal ist es das kleine Glück, das den Alltag aufglänzen lässt: das Lächeln des Vis-à-vis in der U-Bahn, eine sich durch die Asphaltritze kämpfende goldgelbe Butterblume, der Duft frischer Schrippen, der Busfahrer, der die Tür noch mal öffnet, das Zwitschern einer Nachtigall beim nächtlichen Blick vom Balkon …

Ort
Rathaus Neukölln,
Karl-Marx-Straße 83, 12043 Berlin

Verkehrsanbindung
U 7 Rathaus Neukölln,
Bus 104, 167 Rathaus Neukölln

mehr

Institut für europäische Glücksforschung:
www.optimalchallenge.com/neu/07.htm

Sonja Lyubomirsky: Glücklich sein, Campus Verlag, Frankfurt am Main/New York 2008

Paul Watzlawick: Anleitung zum Unglücklichsein, Piper Verlag, München 1983

Hier ist alles Gold, was glänzt.

Freiheit

Avancen

„... ist immer die Freiheit des Andersdenkenden." Die politisch atemberaubende Toleranz dieser Worte wurde ihrer Verfasserin Rosa Luxemburg (1871–1919) brutal verwehrt. Die sozialistische Intellektuelle wurde am 15. Januar 1919 von reaktionären Freikorps-Soldaten misshandelt, ermordet und ihre Leiche in den Landwehrkanal geworfen.

Die hochgebildete polnische Jüdin, Mitbegründerin der Kommunistischen Partei Deutschlands, lebte seit 1899 in Berlin. Und dies nicht konventionell-bürgerlich mit Mann und Kind, sondern sehr heutig: als berufstätige, später auch geschiedene Frau mit Haushälterin und Besuchen des Geliebten. Rosa Luxemburg wusste um die Bedeutung der Freiheit für das Glück (→ Fortuna), und sie wusste um den Weg dahin: „Die Arbeit, die tüchtige, intensive Arbeit, die einen ganz in Anspruch nimmt mit Hirn und Nerven, ist doch der größte Genuß im Leben." Diese leidenschaftliche Frau war ihrer Zeit und den politischen Träumen ihrer Zeitgenossen in vielem voraus. Dafür wurde sie ermordet, dafür wurde sie instrumentalisiert, und dafür wurde sie zu einer Ikone. Das alles macht nicht vergessen, dass Rosa Luxemburg sich die Freiheit nahm, von der sie sprach, dass sie Freiheit auch als weibliche Freiheit verstand, beschrieb und lebte.

Berlinerinnen suchen diese Freiheit. Hier gehen mehr Frauen arbeiten als andernorts, hier entstehen immer wieder neue politische und frauenpolitische Impulse, hier leben und lieben Frauen nach ihrer Façon. „Frei, das heißt allein", tönt es uns aus Schlagern entgegen. Die Ängste der Freiheit soll das lehren – doch wir wissen es besser und lassen sie uns nicht wieder nehmen.

Ort
Denkmal für Rosa Luxemburg am Landwehrkanal, unterhalb der Lichtensteinbrücke, Katharina-Heinroth-Ufer, 10787 Berlin

Verkehrsanbindung
S 5, 7 Tiergarten,
Bus 100, 187 Lützowplatz

mehr
„Rosa Luxemburg", Film von Margarethe von Trotta, D 1986
Heinz Knobloch: Meine liebste Mathilde. Die beste Freundin der Rosa Luxemburg, Fischer Taschenbuch Verlag, Frankfurt am Main 1997

Heute ein friedlicher Ort zwischen Zoo und Grünanlagen

Goldelse

Wer kennt sie nicht, die brave Goldmarie aus dem Märchen? Die Berliner Goldelse hingegen blickt auf eine kriegerische Vergangenheit zurück. Als weibliche Allegorie Viktoria auf der Siegessäule, 1873 errichtet, feierte sie die für Preußen siegreichen Kriege gegen Dänemark, Österreich und Frankreich, in deren Gefolge das Kaiserreich entstand. Nun war das Wilhelminische Zeitalter mit seinem Verbot von Frauenversammlungen und Frauenwahlrecht, mit einem Zivilrecht, das Frauen in jeder Phase ihres Lebens unter eine männliche Vormundschaft stellte, mit militärischem Männlichkeitskult und schließlich einem Weltkrieg, der die Frauen an der Heimatfront in Munitionsfabriken zerschliss und dem Hunger überließ, keine besonders glückliche Zeit für Frauen. Da nutzte auch der goldene Lack auf der Viktoria nichts. Kein Wunder, dass der Berliner Volksmund wieder spottete.

Inzwischen hat die *Siegessäule* einen gänzlich unkriegerischen Zwilling bekommen: Als Szeneblatt für Schwule und Lesben steht sie, durchaus ironisch, für den Siegeszug von Vielfalt und Toleranz.

Ort
Siegessäule, Großer Stern,
10785 Berlin

Verkehrsanbindung
U 9 Hansaplatz,
Bus 100, 106, 187 Großer Stern

mehr
www.siegessaeule.de
http://de.wikipedia.org/wiki/E._Marlitt
http://de.wikisource.org/wiki/Goldelse

An den Sieg über Intoleranz und Homophobie haben die alten Preußen sicher nicht gedacht.

Königinnen

Die traditionelle Geschichtsschreibung (→ Clio) erwähnt sie zumeist lediglich als Ehefrauen der Könige Preußens, deren vorrangige Aufgabe die Sicherung der Thronfolge war. Dabei spielten Königinnen oft eine wichtige politische, diplomatische und kulturelle Rolle. Einige hinterließen besonders eindrucksvolle Spuren.

Die Philosophin – Sophie Charlotte von Hannover (1668 – 1705)

Sophie Charlotte war eine umfassend gebildete, weltoffene und selbständige Frau. Mit Schloss Lietzenburg, dem heutigen Schloss Charlottenburg, entstand unter ihrer Regie ein Ort des Geistes und der Musen, an dem sich namhafte Gelehrte, Philosophen, Freidenker und Künstler versammelten. Mit dem Universalgelehrten Gottfried Wilhelm Leibniz verband sie eine lebenslange und enge Freundschaft. Die Gründung der Akademie der Wissenschaften ist vorrangig ihr Verdienst.

Die Verwalterin – Elisabeth Christine von Braunschweig (1715 – 1797)

Seit 1740 war das Schloss Schönhausen für Elisabeth Christine der Lebensmittelpunkt. Hier hielt sie Hof, lud sie ein zu Konzerten, Empfängen und Gesprächen. Mit organisatorischem Talent und ökonomischen Kenntnissen verwaltete sie ihre Besitzungen selbständig. Sie beauftragte die Aufforstung von Wäldern, gründete in der Nähe ihres Schlosses die Kolonie Schönholz und versorgte Menschen aus Böhmen mit Häusern und Gärten. Sie war eine Pionierin vorausschauenden wirtschaftlichen Planens und Verwaltens.

Ort
Schloss Schönhausen,
Tschaikowskistraße 1,
13156 Berlin

Verkehrsanbindung
S 2, 8, 9, U 2 Pankow,
Bus 107, 250 Tschaikowskistraße

So schön kann Verwaltung sein – das Schloss Schönhausen in Pankow.

Königinnen

Die Bürgerliche – Luise von Mecklenburg-Strelitz (1776–1810)

Sie wurde durch die Großmutter, eine Anhängerin der Aufklärung, offenherzig und unkonventionell erzogen. Luise verstieß wohl auch deshalb immer wieder – zum Entsetzen des ganzen Hofes – gegen die Hofetikette. Mit Friedrich Wilhelm führte sie eine Ehe im bürgerlichen Sinn. Das Paar duzte sich, die Kinder wuchsen in unmittelbarer Nähe der Eltern auf, und am wohlsten fühlten sich beide im bescheidenen Herrenhaus in Paretz bei Potsdam. Luises Bildungseifer, ihr literarisches Interesse und ihre Aufgeschlossenheit für politische Fragen waren dem König fremd. Im Gegensatz zu ihm befürwortete sie die Reformierung des rückständigen deutschen Staates und versuchte, leider vergebens, ihren Mann dafür zu gewinnen.

Die Karitative – Augusta von Sachsen-Weimar-Eisenach (1811–1890)

Aufgewachsen am Hof in Weimar, der als einer der liberalsten in Deutschland galt, erhielt Augusta eine umfassende Bildung. An ihrem regen Geist nahm König Wilhelm I. von Preußen, ihr Ehemann, mehr als einmal Anstoß. Sie war politisch interessiert und verabscheute Kriege. Diese Grundhaltung war der Motor ihrer zahlreichen karitativen Aktivitäten, wie die Gründung von Krankenhäusern und eines Frauenvereins, der sich um verwundete und erkrankte Soldaten kümmerte, sowie regelmäßige Spenden an die Volksküchen. Auch später als Kaiserin ließ sie es sich nicht nehmen, die Volksküchen regelmäßig zu besuchen. (➛ **Suppenlina**)

Quellen

Renate Feyl: Aussicht auf bleibende Helle. Die Königin und der Philosoph, Verlag Kiepenheuer & Witsch, Köln 2006

Paul Noack: Elisabeth Christine und Friedrich der Große. Ein Frauenleben in Preußen, Klett-Cotta, Stuttgart 2001

Beate Neubauer: „...eine Fürstin, die nie vom Pfade der Tugend abgewichen ...", in: SpurenSuche. Frauen in Pankow, Prenzlauer Berg und Weißensee, hg. vom Bezirksamt Pankow von Berlin, Berlin 2006

Günter de Bruyn: Preußens Luise. Vom Entstehen und Vergehen einer Legende, Siedler Verlag, Berlin 2001

Heinz Knobloch: Die Suppenlina. Wiederbelebung einer Menschenfreundin, Edition Hentrich, Berlin 1997

mehr

Beate Neubauer: Die Kluge, die Schöne, die Vergessenen – Die Königinnen Preußens, in: Claudia von Gélieu und Beate Neubauer: Loben Sie mich als Frau ... Berliner Frauengeschichte erzählt, Berlin Edition, Berlin 2001

Beate Neubauer, Hexenküchen, Schlösser & Salons. Geschichten aus dem alten Berlin, Berlin 2011.

Mont Klamott

Avancen

Die typische Berliner Mischung aus großer Klappe und Selbstironie (➛ **Berliner Schnauze**) hat hier mal wieder zugeschlagen: Besonders hoch ist keiner der Berge, die in Friedrichshain, Marienhöhe, Rixdorf und als Rudower Höhe, Insulaner und Teufelsberg aus Ruinenresten und Trümmerschutt nach dem Zweiten Weltkrieg aufgeschüttet wurden. Aber Mont Klamott wurden sie alle genannt. Und sie halten die Erinnerung wach an die legendären Berliner Trümmerfrauen, die Millionen Kubikmeter Trümmer und Schutt aufgeschaufelt haben und damit ihr eigenes und das Überleben der Stadt sicherten. (➛ **Kopftuch**)

Tamara Danz, Frontfrau der DDR-Rockgruppe Silly, besang im gleichnamigen Lied den Mont Klamott im Volkspark Friedrichshain. Zwei davon gibt es hier, sie heißen eigentlich Kleiner und Großer Bunkerberg und dienen heute wie fast alle Trümmerberge als Park. Die friedlichen Szenen mit neobürgerlichen Familien aus dem prosperierenden Kiez, schwul-lesbischem Parkfest und jugendkultureller Lässigkeit lassen von der Düsternis der Bunker und Trümmer nichts mehr erahnen.

Auf dem Plateau des Großen Bunkerbergs wurden Szenen für den DEFA-Kultfilm *Paul und Paula* (1973) gedreht, ein Film, der das individuelle Aufbegehren einer jungen Frau und Mutter gegen die Konventionen der sozialistischen Gesellschaft in den alten Schlauch von der großen Liebe als weiblichem Lebenstraum gießt. Der Erfolg des Films erzählt damit auch viel vom Stand der Geschlechterträume hinter den Postulaten von der erreichten Gleichberechtigung. Der in dem Film zu sehende schöne Blick über die Stadt ist inzwischen allerdings zugewachsen.

Ort

Volkspark Friedrichshain, zwischen Straße Am Friedrichshain, Kniprodestraße, Danziger Straße, Landsberger Allee und Friedenstraße, 10405 Berlin

Verkehrsanbindung

Tram M 4 Am Friedrichshain, Tram M 10 Kniprodestraße, Tram M 5, 6 Platz der Vereinten Nationen, Bus 200 Bötzowstraße

Quelle

Hans Prang und Günter Kleinschmidt: Durch Berlin zu Fuß, Tourist Verlag, Berlin (Ost)/Leipzig) 1983

Salon

Der Berliner Salon war der Ort, an dem aufgeklärte Ideen einer Gesellschaft der Gleichen und das romantische Ideal des bildenden Gesprächs mit Leben erfüllt wurden. Im Salon trafen Männer und Frauen zusammen, Juden und Christen, Menschen des Adels und des Bürgertums. Die Etikette des gesellschaftlichen Lebens war außer Kraft gesetzt – die Begegnung stand im Vordergrund. Dieses Experimentierfeld der Moderne und der Demokratie wurde von Frauen bereitet, oft von jüdischen Frauen, deren Geschlecht und Konfession einen doppelten Ausschluss bedeuteten. Diese Frauen, die heute bekanntesten dürften Rahel Varnhagen und Henriette Herz sein, waren gebildet, aber ohne Raum oder Institution, wo sie ihre intellektuellen und gesellschaftlichen Fähigkeiten zum Tragen bringen konnten. In ihren Salons prägten sie eine Gesprächskultur, die sich durch eine außergewöhnliche Offenheit und Ungezwungenheit auszeichnete. Die Bewirtung war dabei auf ein Minimum beschränkt, zumeist wurde nur Tee und Gebäck gereicht. Geld war oft knapp, aber Kunst, Literatur und Politik wollten diskutiert werden.

Der ständeübergreifende geistige Austausch unter Einschluss von Frauen, geprägt und gestaltet von Frauen, war ein Novum, das seine Faszination über die Zeiten bewahrt hat. Die Renaissance des Salons in Berlin ist unübersehbar; öffentliche, halböffentliche und private Salons kommen, gehen und bleiben. Die spezifische Form der Lesegruppe, in der gemeinsam über literarische oder wissenschaftliche Texte gesprochen wird, ist unter Frauen besonders beliebt. Offensichtlich ist die Mischung aus persönlicher Verbundenheit und intellektueller Freiheit weiterhin ein beliebtes Element demokratischer Bildung und Geselligkeit.

Ort
Literaturhaus,
Fasanenstraße 23, 10719 Berlin

Verkehrsanbindung
U 1 Uhlandstraße

Quellen
Silvio Vietta (Hg.): Das literarische Berlin im 20. Jahrhundert, Philipp Reclam Junior, Stuttgart 2001

Herbert Scurla: Rahel Varnhagen, Fischer Taschenbuch Verlag, Frankfurt am Main 1980

mehr

www.salonkultur.de

Cornelia Saxe: Das gesellige Canapé. Die Renaissance der Berliner Salons, Quadriga Verlag, Berlin 1999

www.buecherfrauen.de

In den Salons aufgeklärter Berlinerinnen wuchs die Idee demokratischer Öffentlichkeit.

Scherben-Anna

Als nach dem Krieg Berlin in Schutt und Asche lag, als es richtig gefährlich war, ohne Arbeitsschutz, technische Hilfsmittel und Tariflohn, da durften Frauen auf dem Bau so richtig zulangen. (➛ **Kopftuch**) Aber nicht nur dort agierten sie als Trümmerfrauen. Auch in leitenden Positionen durften Frauen für eine kurze Zeit gefallene oder politisch verbrannte Männer ersetzen. Eine von ihnen war die passend als *prähistorische Trümmerfrau* oder als *Scherben-Anna* titulierte Gertrud Dorka (1893 – 1976), die bereits die archäologischen Ausgrabungen der sogenannten Britzer Prinzessin, einer prähistorischen Figur, vor den Toren Berlins geleitet hatte. 1947 wurde sie zur Direktorin des Museums für Vor- und Frühgeschichte in Berlin berufen und war damit die erste Frau, die in Deutschland die Leitung eines staatlichen Museums übernahm.

Geschlagene dreißig Jahre hatte sie darauf gewartet, als Archäologin arbeiten zu dürfen – dieser Weg war ihr als Frau versperrt. Auf ein Studium hatte sie zugunsten der Brüder verzichten müssen. Auf Umwegen, als Lehrerin, als Gasthörerin und durch die Mitarbeit bei Exkursionen und Ausgrabungen, arbeitete sie sich hartnäckig an ihr eigentliches Berufsziel heran. 1936 promovierte sie schließlich mit über vierzig Jahren in Kiel. (➛ **Bildungshunger**)

Angesichts der Kriegszerstörungen bot sie dem Museum für Vor- und Frühgeschichte ihre Fachkenntnisse an, was dankbar angenommen wurde. Die Britzer Prinzessin fand ein neues Domizil im Schloss Charlottenburg, so dass sie wieder standesgemäß untergebracht war. Seit 2009 sind die Sammlungen des Museums für Vor- und Frühgeschichte im Neuen Museum auf der Museumsinsel zu sehen.

Die Berliner Frauenpolitik sucht derweil nach Möglichkeiten, Frauen den Weg in Führungspositionen zu eröffnen, ohne dass vorher die Stadt in Trümmern liegen muss.

Ort
Schloss Britz,
Alt-Britz 73, 12359 Berlin

Verkehrsanbindung
Bus M 44 Britzer Damm/
Tempelhofer Weg

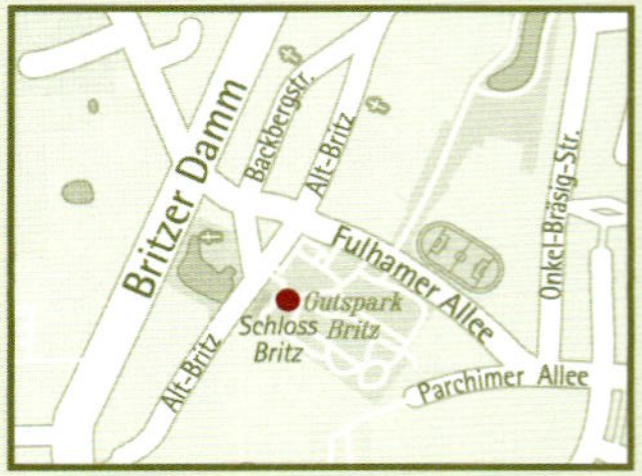

Quelle

Claudia von Gélieu: Wegweisende Neuköllnerinnen – von der Britzer Prinzessin zur ersten Stadträtin, trafo verlag, Berlin 1998

mehr

Landesgleichstellungsgesetz unter: www.berlin.de/sen/frauen/landesdienst/lgg.html

Second Life

Avancen

Hoffnungen über Hoffnungen. Im himmlischen Paradies, in den ewigen Jagdgründen oder im Nirwana. In der Wiederauferstehung, und sei es als Kröte oder ➛ **Hund**. Mit sieben Jungfrauen im Arm oder auf dem Arm der Jungfrau. In sieben Generationen oder wenigstens in den eigenen Kindern. Vielleicht auch in großen Werken der Dichtkunst, der Musik oder der Malerei. Oder in der Staatskunst. Religionsstifter vielleicht. Oder Verbrechen. Je größer, desto länger. Wenigstens ein Amoklauf. Nur eins: weiterleben, wieder leben. Second Life. Das Internet als Erlösungsmaschinerie. Unauslöschlich.

Die himmlischen Gefilde sind bei allem Glauben ein unsicheres Terrain. Was, wenn nicht? Und wenn die Himmel auch so patriarchal gestrickt sind wie die Religionen, die sie verkünden, ist das auch nicht besonders verlockend.

Der weltliche Nachruhm im kollektiven Gedächtnis ist eine ebenso wacklige Angelegenheit und dauert auch nicht ewig. Zumal die Mechanismen des Aussteuerns von Frauen auf kollektiver Ebene mit großer Präzision arbeiten. Und die Kinder? Nun ja. Die Verehrung der Ahnen gehört einfach nicht zu unseren vornehmlichen Kulturtechniken.

Die Fülle der Selbstdokumentationen mittels Publikationen, Fotografien und vor allem Internetpräsentationen stellt da ein vergleichsweise geschlechtergerechtes Medium zum Selbsterhalt dar. Das Do-it-yourself-Prinzip ist schließlich die Allzweckwaffe moderner Frauen.

Wenn frau nicht konsequent den Spieß umdreht und sich an das bewährte Friedhofsmotto hält: Und alle Lust will Ewigkeit. Mehr bedarf's nicht.

Ort
Alter St.-Matthäus-Kirchhof,
Großgörschenstraße 12,
10829 Berlin

Verkehrsanbindung
S 1, 2 Yorckstraße/Großgörschenstraße, U 7 Yorckstraße

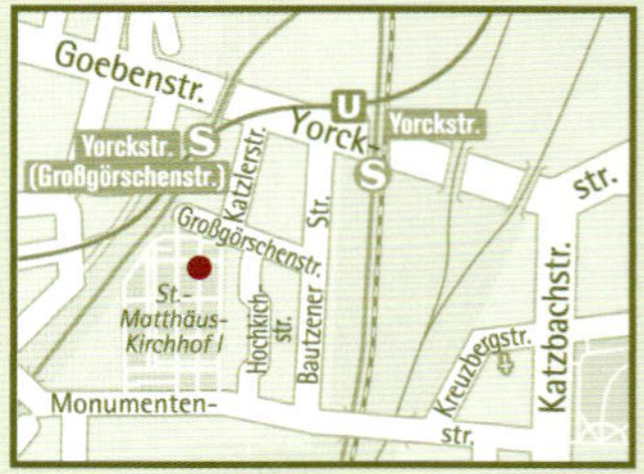

mehr
www.stiftung-historische-friedhoefe.de
www.grabpatenschaften-berlin.de
www.jugendmuseum.de
Rosemarie Köhler: Sie lebten wie sie wollten. Berliner Friedhofsspaziergänge zu Grabstätten außergewöhnlicher Frauen, Orlanda Verlag, Berlin 2006

Der Tod macht längst nicht alle gleich – queere Grabpflege in Schöneberg.

Über den Wolken

„Fliegen. Ich wollte fliegen lernen. Das war aber auch alles, von dem ich wusste, dass ich es wollte“, sollte Hedwig Amalie Beese (1886 – 1925), Tochter aus gutem Hause und studierte Bildhauerin, später sagen. Bekannt wurde die Frau, die noch vor Marlene Dietrich (➛ Lola) Herrenhosen trug, als Melli Beese, die erste Frau, die in Deutschland die Pilotenlizenz für Motorflugzeuge erwarb. Die dafür notwendige Ausbildung erkämpfte sie sich gegen alle nur erdenklichen Widerstände. Bruchlandungen und schwerste Verletzungen, Sabotage durch die in ihrer Eitelkeit gekränkten männlichen Kollegen und erschwerte Prüfungsbedingungen konnten jedoch nicht verhindern, dass die junge Frau an ihrem 25. Geburtstag den Pilotenschein erwarb. Im gleichen Jahr stellte sie auf dem Flugplatz Berlin-Johannisthal, der *Wiege der deutschen Luftfahrt*, mit ihrem Dauerflug von zwei Stunden und neun Minuten einen neuen Weltrekord auf. Die Presse jubelte: „Alle Achtung! Was das kleine Fräulein auf ihrer Rumpler-Taube leistet, könnte manchen ihrer männlichen Berufskollegen zur Ehre reichen.“

1912 gründete Melli Beese nicht nur ihre eigene Flugschule, sie konstruierte und verkaufte auch eigene Flugzeuge. Mehrere Patente – über ein zerlegbares Flugzeug, ein Wasserflugzeug sowie ein einsitziges Leichtflugzeug – meldete die couragierte Frau an. Doch bereits 1914 ging die Euphorie der Anfangsjahre verloren. Mit der Kriegserklärung des Deutschen Reiches an Frankreich wurde Melli Beese wegen ihres französischen Ehemanns per Gesetz zur Feindin Deutschlands erklärt. Die Tragödie ihres Lebens war von nun an nicht mehr aufzuhalten. 1925 beging die einst tollkühne Fliegerin Selbstmord.

Ort
Melli-Beese-Straße am Naturschutzgebiet Ehemaliges Flugfeld Johannisthal in der Stadt für Wissenschaft, Wirtschaft und Medien, Nähe S-Bahnhof Adlershof

Verkehrsanbindung
S 45, 8, 9 Adlershof

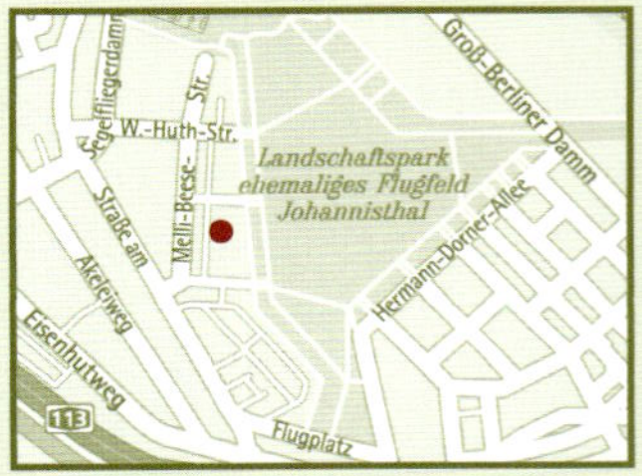

Quelle
„Frauen in Naturwissenschaft und Technik", Wanderausstellung der Fachhochschule Lübeck, 2008

mehr
Evelyn Zegenhagen: „Schneidige deutsche Mädel". Fliegerinnen zwischen 1918 und 1945, Wallstein Verlag, Göttingen 2007

Geflogen wird jetzt in Schönefeld.

Waschmaschine

Es wurde sehr, sehr groß gebaut, das neue Bundeskanzleramt in Berlin, und im Vergleich zu seinem Bonner Pendant manifestiert sich hier unübersehbar der Wille zu Macht und Repräsentation. In Auftrag gegeben von Altbundeskanzler Kohl, gebaut von Charlotte Frank und Axel Schulte, wofür sie 2003 mit dem Deutschen Architekturpreis geehrt wurden, eingeweiht und bewohnt zunächst von Gerhard Schröder, ist das imposante Gebäude seit 2005 Sitz der ersten Bundeskanzlerin Deutschlands, Angela Merkel. *Waschmaschine* wurde es aber bereits vor der weiblichen Hausherrin genannt.

Frauen und Macht – das ist ein altes und schwieriges Kapitel. Was den monarchischen Herrscherinnen kraft ihres Geblüts an Macht zukam, enthielt die bürgerliche Gesellschaft allen Frauen ohne Ausnahme vor: das Recht auf politische Teilhabe, sei es als Wählerin, sei es als Amtsinhaberin. Dementsprechend schwer tun sich viele, wenn es darum geht, ihre Vorstellungen von einer gelungenen Machtausübung von der Vorstellung eines männlichen Amtsinhabers zu trennen. Bei Merkels Amtsantritt bedauerte eine überregionale Tageszeitung, dass jetzt niemand mehr aus dem Fenster den bolzenden Fußballspielern auf der Wiese vor dem Bundeskanzleramt zuwinken würde und dass damit ein Stück politische Nähe zwischen Volk und Regierung verloren ginge. Die Historiker sprechen in solchen Fällen von zwei Körpern, die der König habe: einen quasi unsterblichen fürs Repräsentieren und einen normalen sterblichen, der nicht weiter interessant sei. So gesehen, hat die Bundeskanzlerin eigentlich alles richtig gemacht. Die endlosen Diskussionen über ihren Körper und ihre Frisur sind an ihr abgeglitten wie an einer Kunstfigur, und sie hat gezeigt, dass das Regieren auch ohne die Repräsentanz eines männlichen Körpers ganz gut funktioniert. Vielleicht liegt es ja am weiblichen Verstand.

Ort
Bundeskanzleramt,
Willy-Brandt-Straße 1,
10557 Berlin

Verkehrsanbindung
U 55 Bundeskanzleramt,
S 5, 7, 9 Hauptbahnhof,
S 1, 2, 25 Brandenburger Tor,
Bus 100 Reichstag / Bundestag

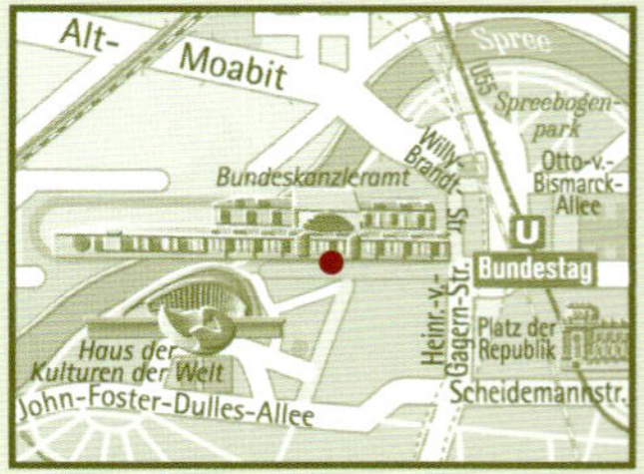

Definitiv ein Bundeskanzlerinamt

HIER WOHNTE
FELICE
SCHRAGENHEIM
JG. 1922
DEPORTIERT 1944
THERESIENSTADT
AUSCHWITZ
GROSS ROSEN
Couragen

Lieselotte-Berger-Platz
Elfriede-Kuhr-Str.
10 - 20

Aimée & Jaguar

Mitten im Krieg lernen sie sich kennen, unter Umständen, die dramatischer nicht sein könnten. Felice Schragenheim ist untergetaucht und schlägt sich durch in einem Berlin, das 1942 auf dem Höhepunkt des nationalsozialistischen Machtrausches die endgültige Vernichtung der Juden ins Werk setzt. Das Netz der Kontrollen wird immer enger, Spitzel arbeiten der Gestapo zu, nur wenige helfen den verzweifelten Menschen, die versuchen in der Illegalität zu überleben. Da begegnet Felice der vierfachen Mutter und Hausfrau Lilly Wust, deren Mann als überzeugter Soldat Hitlers im Krieg ist. Die beiden verlieben sich; Lilly nimmt Felice auf, zunächst ohne zu wissen, dass diese Jüdin ist. Aimée und Jaguar, so nennen sie sich, leben ihre verbotene Liebe im Auge des Sturms. Es geht nicht gut. Sie werden denunziert. Felice wird 1944 in das KZ Theresienstadt deportiert. Lilly entwickelt ungeahnte Kräfte, sie kämpft, und sie fährt sogar nach Theresienstadt, um die Geliebte zu besuchen. Vergebens. Irgendwo, wahrscheinlich auf dem Transport nach Bergen-Belsen, stirbt Felice. Lilly wird Jahrzehnte schweigen. Ihre Geschichte passt nicht ins Nachkriegsdeutschland, das seinen Halt in der Verdrängung des Nationalsozialismus und in kleinfamilialer Aufrüstung sucht. Für lesbische Liebe ist da kein Platz.

So wie Felice versuchten in Berlin bis zu 7000 Juden, sich der Verfolgung und Vernichtung als sogenannte U-Boote, als Untergetauchte und Versteckte, zu entziehen. (➛ U-Boote)

Stolpersteine wie der vor dem Haus von Lilly und Felice sind in den Bürgersteig eingelassene Pflastersteine mit einer Messingoberfläche, die über das Schicksal von jüdischen Menschen, von Menschen im Widerstand, von Homosexuellen, Sinti und Roma oder von Menschen mit Behinderungen informieren, die den Nazis zum Opfer fielen.

Ort

Stolperstein für
Felice Schragenheim,
Friedrichshaller Straße 23,
14199 Berlin

Verkehrsanbindung

Bus 110, 186, 249 Berkaer
Straße/Breite Straße

Quellen

Erica Fischer: Aimée & Jaguar. Eine Liebesgeschichte, Berlin 1943, Kiepenheuer & Witsch, Köln 1994

Neue Gesellschaft für Bildende Kunst e. V. (Hg.): Stolpersteine. Für die von den Nazis ermordeten ehemaligen Nachbarn aus Friedrichshain und Kreuzberg. Dokumentation, Texte, Materialien, Berlin 2002

AK Staatsknete

Frauen brauchen Geld, Frauenprojekte brauchen Geld, und Geld in Frauenhand ist in der Regel knapp. Die vielfältigen Initiativen und Projekte, die aus der neuen Frauenbewegung entstanden, lebten jahrelang von Luft und Liebe sowie unendlichem unbezahlten Engagement.

Aber war es nicht gerade die Frauenbewegung, die der unbezahlten, unsichtbaren und geringgeschätzten Arbeit von Frauen den Kampf angesagt hatte? Sollte die wichtige Arbeit in den Projekten ihren Preis nicht wert sein? War nicht die Gesellschaft im Ganzen verantwortlich für Frauenhäuser, Wiedereingliederung, Weiterbildung? Warum nicht die Verantwortung des Staates einfordern für eine gleichberechtigte Gesellschaft?

So wurde 1980 der Arbeitskreis (AK) zur Förderung autonomer Frauenprojekte, Bürgerinitiativen und Alternativprojekte gegründet, knapp und ironisch AK Staatsknete genannt. Heftige Debatten um Autonomie und Abhängigkeit begleiteten das Wirken des AK Staatsknete, der gut vierzig autonome Frauenprojekte von A wie Archiv bis Z wie Zufluchtswohnung in einem feministischen Netzwerk versammelte. Bis zu seiner Auflösung 1998 hat der AK Staatsknete erfolgreiche Tochterprojekte generiert, die zum Teil noch heute zu den Säulen der Berliner Frauenpolitik zählen, so das Frauenprojekte-Finanzierungs-Netzwerk ➛ **Goldrausch** oder die Zukunftsoffensive für Frauen ZOFF zur Schaffung von Arbeitsplätzen für erwerbslose Akademikerinnen. Angesichts der ruinösen Bankenkrise stellt sich allerdings die Frage, ob Staatsknete nicht überhaupt besser in weibliche Hände gehört.

Ort
Berliner Frauenbund 1945 e.V.,
Ansbacher Straße 63, 10777 Berlin

Verkehrsanbindung
U 3, 9 Spichernstraße,
U 4 Viktoria-Luise-Platz

Quelle
http://www.ffbiz.de/htdocs/content/Suchlisteberlin.pdf

Berliner Frauenpreis

Ein großer deutscher Dichter wollte die Frauen ehren, und so dichtete er, wie er die Ehre der Frauen verstand, denn *Sie stricken die Strümpfe*. Nun ist das Strümpfestricken etwas ganz Wunderbares, vor allem für diejenigen, die damit beschenkt werden, und heute umso mehr, als dieses Glück ziemlich rar ist.

Dennoch, damit ist den Frauen zu wenig Ehre getan, und darum gibt es in Berlin seit 1988 (fast) jedes Jahr den Berliner Frauenpreis, mit dem eine Berlinerin geehrt wird, die sich, wie der Dichter sagen würde, für die Freiheit ihres Geschlechts in den Kampf warf oder, wie wir es in der nüchternen Sprache der Verwaltung sagen, die sich für die Emanzipation von Frauen und die Gleichstellung der Geschlechter einsetzte. Das Schwierigste an dieser Preisvergabe ist jedes Jahr, aus der Vielzahl der Frauen, die in allen Teilen dieser Stadt frauenpolitisch aktiv sind, *eine* auszuwählen: Ob in einem Kiezprojekt in Wedding oder an der Eliteuniversität in Dahlem, ob in einem langjährigen Verband oder in einer spontan gegründeten Initiative, ob ➛ **Berliner Pflanze** oder eine der aus aller Welt (und die beginnt – oder endet – von Berlin aus gesehen höchstens zwanzig Kilometer vom Alex entfernt) zugereisten Sehnsuchtsberlinerinnen – an engagierten, großartigen Frauen hat Berlin keinen Mangel.

Zum Preis gehören etwas Geld und vor allem eine große Freude und Feier, die jedes Jahr zum Internationalen Frauentag am 8. März Hunderte ins Rote Rathaus zieht. Der Louise-Schroeder-Saal, benannt nach Berlins bisher einziger Regierender Bürgermeisterin, ist für diese Party zu klein. Aber den Rest des Rathauses sieht man auch gern in Frauenhand.

Ort
Rotes Rathaus,
Rathausstraße 15, 10178 Berlin

Verkehrsanbindung
U- und S-Bahn Alexanderplatz,
Tram M 4, M 5 und M 6 Spandauer Straße

mehr
http://www.berlin.de/rbmskzl/ehrungen/index.html#louiseschroeder

Hier stimmen Preis und Qualität.

Berliner Pflanze

Was ist eine Berliner Pflanze? Eine Asphaltpflanze selbstredend, robust, schlagfertig und der Inbegriff von *street credibility*. (➛ Berliner Schnauze) Wie Nina Hagen, die vom schrägen Schlagersternchen zur Mutter des Punks avancierte. 1976 fegte sie von Ost-Berlin aus in die Welt und provozierte verschlafene Klampfenspieler, gestandene Rocker und ein ungläubiges TV-Publikum gleichermaßen, vor allem mit ihrer Demonstration gelungener Selbstbefriedigung vor laufenden Fernsehkameras. Das macht ihr so schnell keine nach.

Helga Hahnemann (1937–1991), Ulknudel des Ostens, war aber auch ein echtes Schandmaul, die in den Wunden der sozialistischen Republik wie in denen des Goldenen Westens genüsslich wühlte. In dem Fernsehpreis *Goldene Henne* lebt die *Henne*, die sie für ihre Fans war, fort.

Eine Berliner Pflanze der besonderen Art ist Désirée Nick, die Erfinderin des Damenwitzes. Ausgestattet mit einem Studium der katholischen Theologie, klassischer Tanzausbildung und einer Körpergröße von 1,83 Meter, die sie für die Deutsche Oper untragbar machte, hält sie den selbstgefälligen Berlinerinnen und Berlinern jeder Façon gern einen selbstironischen und feministischen Spiegel vor die Nase.

Claire Waldoff, Berliner Pflanze per se, kam 1906 aus dem Ruhrgebiet in die Stadt, berlinerte schon bald wie echt und wurde mit Krawatte, Hemdbluse und bronzerotem Bubikopf zum Markenzeichen des neuen Kabaretts. Als Emanze Nummer eins spazierte sie mit ihrer Lebensgefährtin durch die Stadt, unbestrittener Mittelpunkt des lesbischen Berlins. So frech wie sie war keene. ➛ Raus mit den Männern aus dem Reichstag, forderte sie und gab mit dem göttlichen Spottlied *Wer schmeißt denn da mit Lehm?* die Nazis der Lächerlichkeit preis. 1933 erhielt sie natürlich sofort Berufsverbot.

Ort
Büste auf dem Claire-Waldoff-Platz am Friedrichstadtpalast, Friedrichstraße 107, 10117 Berlin

Verkehrsanbindung
S- und U-Bahn Friedrichstraße, U 6 Oranienburger Tor

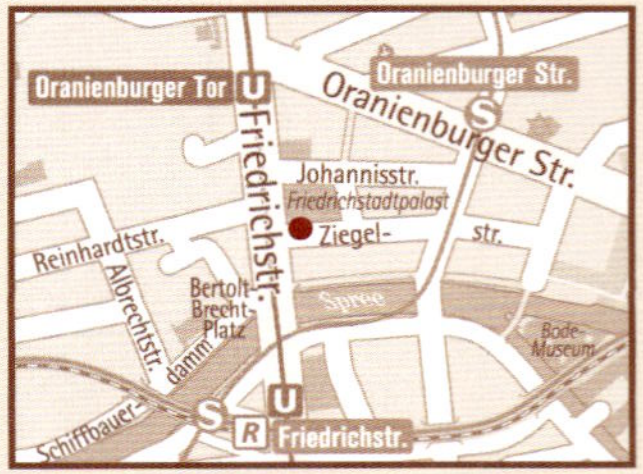

Besser ein Kopf ohne Körper als umgekehrt, das zum Trost

Clio

Von den neun Musen, die als Töchter Jupiters den Menschen die schönen Künste brachten, ist Clio, die Muse der Geschichtsschreibung, die erste und wichtigste. Leider hat sie sich ihren irdischen Geschlechtsgenossinnen gegenüber nie besonders gnädig gezeigt, im Gegenteil: Das Wirken von Frauen, ob als Herrscherinnen, Dichterinnen oder ganz gewöhnliche Frauen aller Zeiten, gerät mit schöner Regelmäßigkeit ins Vergessen, wird herabgemindert und für sekundär erklärt. (➛ Malweiber, ➛ Königinnen) Als sei die Geschichte von Frauen mit einer Zaubertinte geschrieben, die sich in kürzester Zeit selbst auflöse, so beschreibt die Berliner Künstlerin Gisela Breitling das permanente Verschwinden von Frauen aus der kollektiven Erinnerung.
Wird beispielsweise ein Kanon wichtiger Literatur zusammengestellt, werden die Werke von Schriftstellerinnen nicht berücksichtigt. Werden Vorbilder benannt, kommen keine Frauen vor. Große Frauen mutieren zu Anhängseln von Männern oder werden zu Zerrbildern abwertender Phantasie. Eine Tradition weiblicher Geschichtsgewissheit konnte und kann so nicht entstehen. Die Kämpfe von Frauen unterliegen einem besonderen Schweigegebot, werden umgedeutet und lächerlich gemacht. Die Frauenbewegung der siebziger Jahre wusste nichts von ihren Vorgängerinnen wenige Jahrzehnte zuvor – ausgelöscht waren deren Schreiben und Kämpfe für das Wahlrecht, für Bildung und Arbeit. Nur das Schimpfwort *Blaustrümpfe* fand Eingang in das kollektive Gedächtnis. Der Blick in einen leeren Spiegel entmutigt. Auch darum ist das Thema weibliche Geschichtsschreibung zu einem elementaren Anliegen der feministischen Geschichtswissenschaft und der Archive der Frauenbewegung geworden. Clio, wir brauchen dich!

Ort
Clio-Statue an der Nikolaikirche,
Nikolaikirchplatz 1, 10178 Berlin

Verkehrsanbindung
S- und U-Bahn Alexanderplatz,
Bus 100, 200 Lustgarten

mehr

Frauenforschungs-, -bildungs- und -informationszentrum FFBIZ e.V., Eldenaer Straße 35 III, 10247 Berlin

L'Homme – Europäische Zeitschrift für Feministische Geschichtswissenschaft, Böhlau Verlag, Köln / Weimar

www.frauentouren.de

Langsam füllt sich der leere Spiegel weiblicher Geschichtsschreibung.

EWA, Frieda, Paula, Marie …

Sie saßen an runden Tischen und nannten sich später EWA, Frieda, Mathilde, Paula oder Marie … Und das waren nicht etwa die am häufigsten vergebenen Mädchennamen in Berlin. Frieda steht für Friedrichshain, Paula für Pankow, Marie für Marzahn – für Frauenorte, die politisch engagierte Frauen in den ersten Monaten nach dem Mauerfall in den Ostbezirken gründeten.

Die Idee dazu entstand in Basisgruppen des Neuen Forums, der Grünen Liga, des Unabhängigen Frauenverbandes, der evangelischen Kirche. Die Gründungsfrauen hatten den Anspruch, Orte zu schaffen, von denen aus Frauen sich einmischen, mitgestalten, Platz einfordern konnten. (➛ Mütter)

Durch die rasanten gesellschaftspolitischen Veränderungen, Arbeitslosigkeit, neue Rechtssysteme, den Verlust alter Werte und sozialer Orientierungen wurden die Frauenzentren sehr schnell erste Anlaufstellen für Frauen, die mit den neuen Bedingungen überfordert waren und sich Unterstützung erhofften. In kürzester Zeit etablierten sich Informations- und Beratungsangebote, vielfältige Maßnahmen der Berufs- und Weiterbildung sowie Gesprächskreise, in denen Frauen gemeinsam Lösungen für ihre Alltagsprobleme suchten.

Heute verstehen sich die Frauenorte der ersten Stunde als soziokulturelle Frauenprojekte, deren Türen arbeitslosen Frauen, Müttern, Lesben, Migrantinnen und Rentnerinnen offen stehen. Sie sind Orte des Gesprächs und der Vernetzung, der Integration und Beratung, der gegenseitigen Unterstützung und Selbsthilfe.

Ort

EWA e.V. – Frauenzentrum,
Prenzlauer Allee 6, 10405 Berlin

Verkehrsanbindung

Tram M 1 Prenzlauer Allee / Metzer Straße

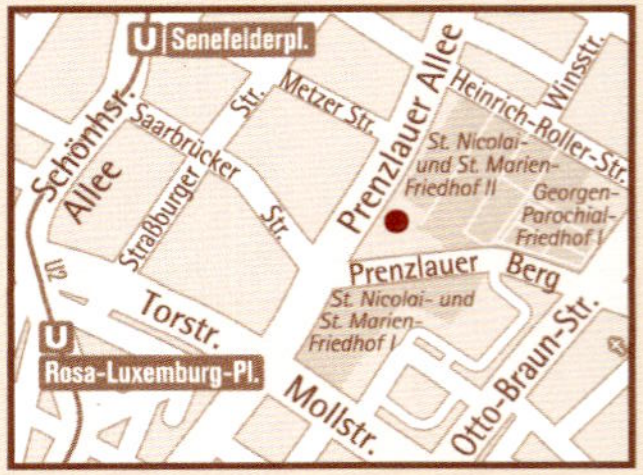

mehr
Barbara Hömberg: Geteilte Schwestern? Probleme in der Zusammenarbeit von Ost- und Westfrauenbewegung unter besonderer Berücksichtigung des EWA e.V. – Frauenzentrums in Berlin-Prenzlauer Berg, Berlin 1994

Frauenviertel

„Der Ruch des Anzüglichen, der rote Schein des Milieus, der dunkle Schatten der käuflichen Liebe – Nein, Nein, Nein, Neukölln bleibt sauber! Mit einem mutigen Beschluß hat die CDU verhindert, daß Neukölln nach dem Ruf als ‚Endstation' noch der eines Rotlichtbezirks angehängt wird. Das Neubauviertel auf den Rudower Feldern wird nicht, wie von Feministinnen gefordert, Frauenviertel heißen, sondern Gartenstadt Rudow. Die Assoziationen zum Rotlichtmilieu sind gebannt ..." (Zitat aus dem *Tagesspiegel*, Sommer 1998).
Und dann: Alle zwanzig Straßen und Plätze eines Neubaugebietes auf den Rudower Feldern im Berliner Bezirk Neukölln wurden 1998 nach langem Hin und Her und gegen viele Widerstände nach Frauen benannt. Erstmals gibt es damit in Berlin ein echtes Frauenviertel.
In Hohenschönhausen wurden zwar bereits vor hundert Jahren die Straßen eines Viertels mit weiblichen Vornamen bezeichnet. Doch sie sollten lediglich die Lieblichkeit dieses Wohngebietes am Obersee zum Ausdruck bringen, während es in Neukölln um die Würdigung der Namensgeberinnen, ihres Wirkens und ihrer Verdienste, geht. Es sind Namen von Frauen, die sich in Politik und Gesellschaft für die Rechte und die Gleichstellung von Frauen eingesetzt haben, Frauen, die sich den Nationalsozialisten widersetzten, Frauen, die sich nach dem Krieg für ein demokratisches und friedliches Deutschland engagierten. Den Streit um das Rotlichtmilieu gibt es in Neukölln allerdings immer noch. Doch inzwischen geht es um Bordelle. (➛ Rotlicht)

Ort

Frauenviertel, Lieselotte-Berger-Straße, Ecke Elfriede-Kuhr-Straße, 12355 Berlin

Verkehrsanbindung

Bus 171 Lieselotte-Berger-Straße,
Bus 371 Lieselotte-Berger-Platz

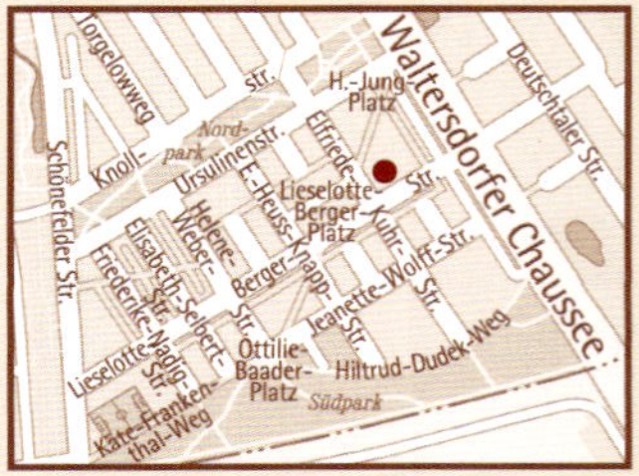

Quelle
20 Jahre Frauen-/Gleichstellungsbeauftragte, Broschüre der Senatsfrauenverwaltung, Berlin 2006

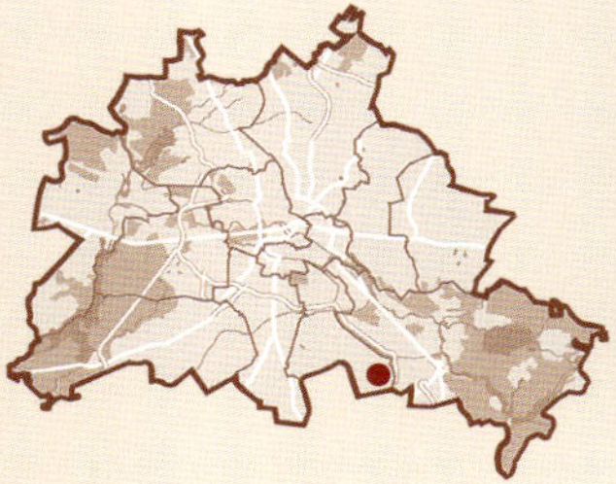

Ein ganzes Viertel voller Frauen – und keine rote Laterne

Hexenfrühstück

Als die Berliner Mauer noch stand, als eine Regierungskoalition mit der Partei der Grünen noch ein umstrittenes Wagnis war, als es noch keine Frauensenatorinnen und -senatoren gab und in der Berliner Regierung der Begriff *Frau* nur in Fraunhofer-Institut vorkam, war es eine Sensation, als mit der rot-grünen Landesregierung 1989 gleich acht Senatorinnen auf den Plan traten, darunter eine für Frauenpolitik, die auch noch die erste offen lesbisch auftretende Politikerin war (Anne Klein, 1950–2011). Diese acht Frauen hatten in ihrem bisherigen politischen Leben genug Erfahrungen gesammelt, um zu wissen: Gemeinsam sind wir stärker. Und sie setzten das in einer parteiübergreifenden, informellen und innovativen Institution um: dem Hexenfrühstück. Das war nicht nur eine ironische Anspielung auf die Verteufelung starker Frauen und die dahintersteckenden Ängste von Männern. Das war auch eine erfolgreiche Strategie zur Durchsetzung frauenpolitischer Anliegen, die entsprechend misstrauisch beäugt wurde. Das bis heute wegweisende Berliner Gleichstellungsgesetz ist ein Erfolg dieses Zusammenschlusses. Aber auch die gegenseitige Rückenstärkung in den turbulenten Zeiten von Kita-Streiks, Fraktionskämpfen und Mauerfall war ein wesentlicher Grund für die Stärke des Berliner Frauensenats.

Ort
Rathaus Schöneberg,
John-F.-Kennedy-Platz,
10825 Berlin

Verkehrsanbindung
U 4, Bus 104 Rathaus Schöneberg

Wie Männer sich den Griff nach der Macht gestalten

Kernspaltung

„Alles an dieser Frau wirkte einfach, aber doch erlesen. Ich erinnere mich noch gut, wie sich L. und E. um sie bemühten. Das war amüsant, fast kurios. ... als wetteiferten zwei Primaner um die Gunst eines Mädchens. Dabei waren alle drei schon über die Fünfzig."

Die Primaner waren die Nobelpreisträger Albert Einstein und Max von Laue und das Mädchen die Physikerin Lise Meitner, deren wissenschaftlicher Beitrag zur Kernspaltung in Zusammenarbeit mit dem Chemiker Otto Hahn immens war. Den Nobelpreis dafür erhielt allerdings Hahn, Lise Meitners Arbeit blieb ungewürdigt. (→ Clio)

Die Wienerin Lise Meitner (1878 – 1968) erwarb ihr Abitur mit 22 Jahren im Selbststudium, da Mädchen zum Gymnasium nicht zugelassen wurden. Nach dem Studium der Physik, Mathematik und Philosophie promovierte sie als zweite Frau an der Wiener Universität im Hauptfach Physik. Sie ging nach Berlin, hörte Vorlesungen bei Max Planck und begegnete Otto Hahn, mit dem sie die folgenden dreißig Jahre zusammenarbeiten sollte. Sie wurde eine Pionierin der Kernphysik und sorgte schon bald für wissenschaftliche Furore.

Nachdem ihr noch 1907 der Zugang zu den wesentlichen Arbeitsräumen der männlichen Kollegen untersagt worden war – das Institut musste sie durch einen Hintereingang betreten –, machte sie dank ihrer hervorragenden Arbeit in den zwanziger Jahren rasch Karriere. Als erste Frau habilitierte sich Lise Meitner 1922 in ihrem Spezialgebiet Physik und wurde 1926 außerordentliche, das heißt unbezahlte, Professorin für experimentelle Kernphysik in Berlin. Nach der Machtergreifung Hitlers wurde ihr die Lehrerlaubnis entzogen. Im schwedischen Exil arbeitete sie weiter an der theoretischen Deutung der Kernspaltung und erkannte deren gefährliches Potential. Zeitlebens weigerte sie sich, am Bau einer Atombombe mitzuwirken.

Ort

Gedenktafel an Lise Meitners ehemaliger Wirkungsstätte, Otto-Hahn-Bau der FU Berlin, Thielallee 63, 14195 Berlin

Verkehrsanbindung

U 3 Thielplatz

Quelle

Michael Grüning: Ein Haus für Albert Einstein. Erinnerungen, Briefe, Dokumente, Verlag der Nation, Berlin 1990

Kopftuch

Nach dem Ende des Zweiten Weltkriegs musste die zerstörte Stadt wieder aufgebaut werden. Männer waren rar, so machten sich vor allem Frauen an die schwere Arbeit, Trümmer abzutragen sowie Schutt und Asche zu beseitigen. Straßen mussten frei geräumt, Bombentrichter zugeschüttet, einsturzgefährdete Fassaden abgetragen werden. Zwischen 20 000 und 60 000 offiziell als Hilfsarbeiterinnen im Baugewerbe bezeichnete Frauen und Mädchen reichten den Schutt von Hand zu Hand weiter, klopften Mörtelreste von den Ziegelsteinen, bargen bei Abrissarbeiten noch verwertbare Materialien, luden Steine und Schutt auf Pferdewagen, die sie oft genug auch selbst ziehen mussten. Technik und Hilfsmittel gab es kaum; lediglich kleine Trümmerloks mit Loren halfen beim Abtransport des Schutts. (➛ Mont Klamott) Die Arbeit war unendlich schwer und gefahrvoll, immer wieder gab es Unfälle durch Einstürze oder explodierende Munition. Als Lohn gab es Lebensmittelkarten und damit eine Überlebensmöglichkeit. Als das Gröbste getan war, die Männer zurückkehrten, die Arbeit auf dem Bau leichter und die Lohntüte dicker wurde, war es mit dieser Geschlechterunordnung vorbei. Den Frauen im Westteil der Stadt wurde die Arbeit auf dem Bau bis 1994 verboten.

Die Trümmerfrau aber wurde zum Gründungsmythos in Ost und West. Im Westen rastet sie, ermattet von der schweren Arbeit, in der Hasenheide. Ob sie sich auf ihr künftiges Dasein als Hausfrau und Mutter freut? Im Osten schreitet sie, passenderweise *vor* und nicht *im* Roten Rathaus, die Schaufel kühn geschultert, einer leuchtenden Zukunft entgegen.

Beiden gemein ist das Kopftuch, das ganz unideologisch vor Schmutz und Wetter schützte, aber auf eine modische Standortbestimmung nicht ganz verzichten wollte: Es oben auf dem Kopf zu knoten galt als städtisch, im Nacken als ländlich.

Ort

West: Trümmerfrau im Volkspark Hasenheide, Eingang Graefestraße, 10967 Berlin

Ost: Aufbauhelferin, Rathaus-, Ecke Spandauer Straße, 10178 Berlin

Verkehrsanbindung

West: U 7 Südstern oder Hermannplatz ; Ost: U- und S-Bahn Alexanderplatz, Tram M 4, M 5 und M 6 Spandauer Straße

Quellen
www.luise-berlin.de
www.stadtentwicklung.berlin.de

mehr
„Die Trümmerfrauen von Berlin“, Dokumentarfilm von Hans-Dieter Grabe, D 1968
http://www.bauhandwerkerinnen.de/geschichte/geschichte.htm

Mütter *Couragen*

Was, wenn wir Artikel 3 des Grundgesetzes nicht hätten? Jene schlichte und unmissverständliche Aussage: Männer und Frauen sind gleichberechtigt.

Sechzig Jahre hartnäckiger Kampf um gleiche Rechte und Chancen für Frauen hätten keine rechtliche Grundlage, all die Auseinandersetzungen um die rechtliche Vormacht des Mannes in Ehe und Familie, die Berufsverbote für Frauen, das Namensrecht und, und, und. Um alles musste und muss erbittert gestritten werden, und doch gab und gibt es den einfachen und klaren Satz, an dem jede Abschweifung in die vermeintlich natürliche oder göttliche Verschiedenheit der Geschlechter auf Dauer abprallt.

Dieser schlichte und einleuchtende Satz war hart umstritten. Die vielgerühmten Väter des Grundgesetzes hielten es nach dem Männlichkeitswahn des Nationalsozialismus, nach den schier unglaublichen Leistungen, die Frauen in den Kriegs- und Nachkriegsjahren für das Überleben in den zerstörten Städten und Seelen erbracht hatten (➛ **Kopftuch**), keineswegs für nötig, Frauen einen gleichberechtigten Platz im Staate zu gewähren. Im Gegenteil. Die Kirchen liefen Sturm dagegen an, das Bürgertum sehnte sich nach der alten Behaglichkeit, die Sozialdemokratie wollte dem armen Arbeiter nicht seine kleine Macht am heimischen Herd verderben – keine Lobby für Frauen, nirgends.

Es ist der Sozialdemokratin Elisabeth Selbert zu verdanken, die als Mitglied des Parlamentarischen Rates an der Erarbeitung der Verfassung beteiligt war, dass die Gleichberechtigung doch noch ins Grundgesetz aufgenommen wurde. Nachdem ihr Antrag von den Herren abgelehnt worden war, überzeugte sie erst die drei anderen weiblichen Mitglieder des Gremiums und mobilisierte dann auf einer aufsehenerregenden Reise durch das Land die Frauen in Frauenverbänden,

Ort
Volksbühne,
Rosa-Luxemburg-Platz,
10178 Berlin

Verkehrsanbindung
U 2 Rosa-Luxemburg-Platz

Wo sind die Mütter der Gleichberechtigung?

Parteien, Gewerkschaften, Unternehmen und Gemeinden. In kurzer Zeit trafen Waschkörbe voll Protestschreiben beim Parlamentarischen Rat ein. Und siehe da: Der schöne Satz wurde im Januar 1949 einstimmig angenommen. Und zu den Vätern gesellten sich die Mütter des Grundgesetzes.

Der Lerneffekt bei den Herren war gering. Als nach dem Mauerfall an einer gesamtdeutschen Verfassung gearbeitet wurde, kreißte der Berg und gebar als Novelle: Frauen und Männer sind gleichberechtigt. Dieser Akt nachholender Höflichkeit war den Töchtern der Mütter nicht genug. Mit dem Aufruf *Frauenrechte in die neue Verfassung*, getragen vor allem von engagierten Juristinnen und den Frauen- und Gleichstellungsbeauftragten in den Kommunen und Städten bundesweit, und in der Folge mehr als 200 000 Eingaben waren sie ähnlich erfolgreich: Der Artikel 3 Absatz 2 des Grundgesetzes wird seither durch den Satz ergänzt: „Der Staat fördert die tatsächliche Durchsetzung der Gleichberechtigung von Frauen und Männern und wirkt auf die Beseitigung bestehender Nachteile hin."

Ein Vorläufer dieser Aktion war bereits der Frauenkongress am 3. Dezember 1989 in der Berliner Volksbühne. Die Mauer war kaum gefallen, da trafen sich ostdeutsche Frauen, um unter dem Motto *Ohne Frauen ist kein Staat zu machen* das Manifest für eine autonome Frauenbewegung zu verabschieden. Daraus entstand der Unabhängige Frauenverband (UFV), der als politische Stimme die Erfahrungen ostdeutscher Frauen in die bundesrepublikanische Realität einbrachte.

Einen Automatismus für Frauenrechte gibt es nicht, das erfahren Frauen immer wieder. Mütter, Töchter und Enkelinnen des Grundgesetzes wird es darum wohl immer wieder geben müssen.

Quellen

Elisabeth Selbert, in: Wegweiserinnen, hg. von der Stadt Lünen, Gleichstellung – Frauenbüro, Lünen 2002
www.fembio.org/biographie.php/frau/biographie/elisabeth-selbert

mehr

Florence Hervé und Renate Wurms (Hg.): Das Weiberlexikon. Von Abenteurerin bis Zyklus, Köln 2006
HexLibris – Frauenbibliothek & Archiv des EWA e. V. – Frauenzentrum
www.ewa-frauenzentrum.de

Die Größte war natürlich Helene Weigel, von der es heißt, sogar Gott hätte sich an der Kasse des Berliner Ensembles (BE) nach Karten angestellt, wenn sie dort spielte. Aber ihr eigentliches Publikum war der sicher nicht. Als Darstellerin und Intendantin des BE schrieb sie von 1949 bis zu ihrem Tode 1971 deutsche Theatergeschichte. Zusammen mit ihrem Mann Bertolt Brecht arbeitete sie an einem neuen, sozialistischen Theater jenseits der bürgerlichen Traditionen.

Auf den Berliner Bühnen waren vor und nach der Weigel unzählige hervorragende Schauspielerinnen zu sehen: Marlene Dietrich und Marianne Hoppe, Angela Winkler und Angelica Domröse, Nina Hoss und Fritzi Haberlandt, Katharina Schüttler und Sophie Rois, um nur einige wenige Talente zu nennen.

Dass Frauen das Sagen haben, ist auch im Theater eine kulturelle Herausforderung. Die Männerdomäne Regie wird zunehmend von Frauen erobert: Andrea Breth an der Berliner Schaubühne; Karin Henkel, inzwischen am Wiener Burgtheater, lange am Berliner Ensemble und an der castorfschen Volksbühne; Sasha Waltz mit aufregendem Tanz an der Schaubühne und im Radialsystem; Shermin Langhoff mit interkulturell Experimentierendem im Ballhaus Naunynstraße; Constanze Behrens mit witzigem Volkstheater im Prime Time Theater in der Weddinger Theaterdiaspora usw.

Jungen Autorinnen bietet das Theater Eigenreich e.V. in einer ehemaligen Konfektionsfabrik in der Greifswalder Straße eine Bühne; Vorsitzende ist die Regisseurin Verena Drosner. Und der weibliche Nachwuchs ist gesichert: Allein an der Berliner Hochschule für Schauspielkunst „Ernst Busch" stellen die Frauen derzeit knapp die Hälfte der Regie- und rund vierzig Prozent der Schauspielstudenten.

Ort

Berliner Ensemble am Schiffbauerdamm,
Bertolt-Brecht-Platz 1,
10117 Berlin

Verkehrsanbindung

S- und U-Bahn Friedrichstraße

Quellen
www.hfs-berlin.de
www.berliner-ensemble.de

mehr
der jeweils aktuelle Spielplan
der Berliner Bühnen
www.ballhausnaunynstrasse.de
www.eigenreich-berlin.de
www.primetimetheater.de

Stadtteilmütter

Die Presse nennt sie Super-Nannys, Mutti-SEK oder Kiez-Aufklärerinnen; die Stadtteilmütter selbst sehen sich und ihre Arbeit weitaus weniger spektakulär. „Stadtteilmütter lernen und geben das Gelernte an Familien mit Migrationshintergrund weiter", sagt eine von ihnen bescheiden.
Was wohlbestallte und gebildete Expertinnen und Experten an Schulen und in Kindergärten, in Ämtern, Jugendzentren und Quartiersbüros nicht schaffen, dürfen nun die Mütter richten. Sechs Monate Unterweisung in Erziehungsfragen, Gesundheitsförderung, deutscher Sprache und Recht – und man vertraut den Müttern und Großmüttern türkischer oder arabischer Abstammung die Rettung der Kieze aus Integrationsdesaster und Bildungskatastrophe an. Immerhin inzwischen mit ein bisschen Honorar.
Das Pilotprojekt *Stadtteilmütter in Neukölln* wurde 2004 vom Diakonischen Werk gestartet. Inzwischen sind es rund 150 Mütter, und andere Bezirke ziehen nach. Dafür gab es den Integrationspreis und den Berliner Präventionspreis; und dass Neukölln 2008 als einzige deutsche Kommune für das EU-Programm *Interkulturelle Städte* ausgewählt wurde, dürfte auch an den Stadtteilmüttern liegen.
Wie alle Mütter können Stadtteilmütter alles: Sie öffnen Türen, an die Amtsleute nicht klopfen. Sie schaffen Vertrauen. Sie motivieren zu gesunder Ernährung und Bewegung an frischer Luft. Sie geben Erziehungstipps, informieren über Sprachkurse und Behördendschungel und schrecken auch vor Themen wie häusliche Gewalt und Sexualität nicht zurück. Wenn es sie nicht gäbe, müsste man sie ganz schnell erfinden. Da es sie gibt, sollte man sie gut bezahlen. Und vielleicht sollten sie auch manchem Profi der Integrationspolitik mal erklären, wo es langgeht – denen mit und denen ohne Migrationshintergrund. (➛ Multikulti)

Ort
Internationale Kiezküche
„WARThE MAhL",
Warthestraße 45/46, 12051 Berlin

Verkehrsanbindung
S 41, 42, 46, 47,
U 8 Hermannstraße

Quellen
Tagespresse
dbb magazin, Dezember 2006

Hier werden die Dämonen der Desintegration gebannt.

U-Boote

Mit dem im Oktober 1941 von den Nazis verhängten Auswanderungsverbot wurde Deutschland für alle hier lebenden Juden zur tödlichen Falle. Die einzige Chance, sich der Deportation zu entziehen, war die Flucht in den Untergrund. In Berlin versuchten bis zu 7000 Juden als sogenannte U-Boote – Untergetauchte und Versteckte –, sich dem Zugriff der Gestapo zu entziehen. (➛ Aimée & Jaguar)

Dies war ihnen nur möglich durch die couragierte Hilfe vieler Nichtjuden, die Verfolgte in ihren Wohnungen, in Gartenlauben oder anderen Quartieren unterbrachten, ihnen falsche Papiere besorgten, Lebensmittel zusteckten oder gar bei der Flucht über die Grenze halfen. Die genaue Zahl derer, die als stille Helferinnen und Helfer Widerstand gegen das faschistische Regime leisteten, ist nicht bekannt. Meist waren mehrere Personen in einen Rettungsfall involviert, häufig mussten die Untergetauchten mehrmals ihr Versteck wechseln.

Bekannt ist, dass knapp zwei Drittel der Helfenden, die zwischen 1941 und 1945 in Deutschland lebende Juden unterstützten, Frauen waren. Nur wenige sind uns heute bekannt. Helene von Schell, Kläre Bloch, Helene Jacobs, Hildegard Jacoby, Hildegard Schaeder, Gertrud Staewen, Melanie Steinmetz, Maria Nickel, Wanda Feuerherm stehen für viele Frauen, die aus unterschiedlichen Motiven jüdischen Menschen in Berlin halfen. Dabei gingen sie ein hohes persönliches Risiko ein, denn ein Runderlass erklärte den Kontakt zu Juden zur strafbaren Handlung. Und die Strafen waren nicht kalkulierbar. Sie reichten von Verwarnungen, Geldbußen, Gefängnis- und Zuchthausstrafen bis zur Einweisung in ein Konzentrationslager.

Die Geschichten der Helferinnen und Helfer widerlegen die spätere Auskunft vieler Deutscher, man habe nichts gewusst und hätte gegen das Naziregime nichts tun können.

Ort

Gedenktafel für Helene von Schell,
Waldstraße 6, 10551 Berlin

Verkehrsanbindung

Bus TXL, 106, 107
Turmstraße / Beusselstraße

Quelle

Beate Kosmala: Verbotene Hilfe. Rettung für Juden in Deutschland 1941–1945, Reihe Gesprächskreis Geschichte, Band 56, Friedrich-Ebert-Stiftung, Bonn 2004

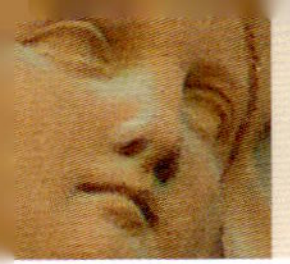

ÜPFI

Frauen gemeinsam sind stark – dieser alte Slogan muss beim Marsch durch die Institutionen irgendwo verloren gegangen sein. Aber halt: Trafen sich zwei Berliner Politikerinnen, durchaus wichtige, aber aus verschiedenen Parteien, auf der Treppe des Berliner Abgeordnetenhauses und hatten die Nase mal wieder so richtig voll von all den ebenso endlosen wie unproduktiven Debatten. Aus Frust und Spott wuchs die Idee, eine neue Form, einen neuen Weg zu gehen. Das Kind dieser Idee heißt aufmüpfig und munter: ÜPFI.

Also wurde 1992 die Überparteiliche Fraueninitiative Berlin – Stadt der Frauen e. V., genannt ÜPFI gegründet, ein Bündnis politisch aktiver Frauen aus allen Parteien. Ein paar Erfahrungen vom ➛ **Hexenfrühstück** dürften da auch eingeflossen sein. Ziel war und ist es jedenfalls, gemeinsame Einsichten, Erkenntnisse und naheliegende politische Ideen in fruchtbares Handeln umzusetzen. Gewagt wurde eine Zusammenarbeit von Frauen, die Fraktionsgrenzen missachten, um feministische Themen voranzubringen. Die Sache nahm Fahrt auf; die frauenpolitischen Sprecherinnen aller Fraktionen und andere Frauen, aus dem Bundestag, aus Berliner Verwaltungen, Frauenprojekten, -verbänden und Medien, kamen dazu. Und beim jährlichen Neujahrsempfang der ÜPFI zeigt sich das erfolgreiche Netzwerken, wenn sich die frauenpolitische Prominenz der Stadt ein Stelldichein gibt.

Ort
Abgeordnetenhaus von Berlin,
Niederkirchnerstraße 3–5,
10117 Berlin

Verkehrsanbindung
S- und U-Bahn,
Bus 200, 347 Potsdamer Platz,
U 2 Mohrenstraße

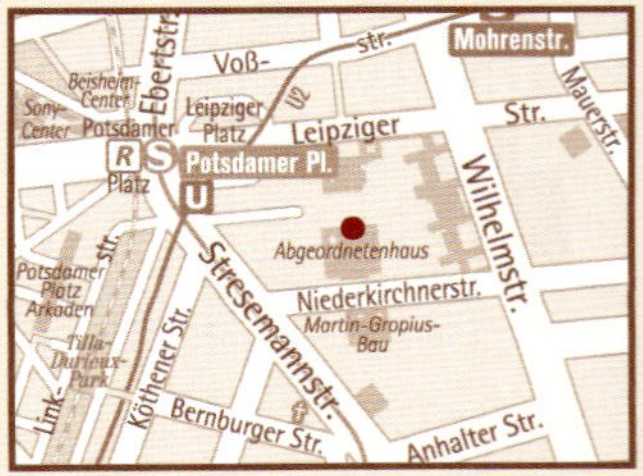

Quellen
www.berlin-stadtderfrauen.de
www.lernhaus-berlin.de

In der Toilette für Frauen und Kinder im Abgeordnetenhaus von Berlin

Alte Liebe
BERLINER
"Leise, Peterle, leise,
der Mond
geht auf die Reise ..."
Emotionen

BABYLON
MÜHE ANTONIONI PLENZDORF

Anna und ihre drei Männer

Ausgerechnet in der biblischen Geschichte hätte man danach nicht gesucht: nach der Verehrung einer Frau, die dreimal verheiratet war, lange kinderlos blieb und erst als Spätgebärende eine Tochter zur Welt brachte, der sich später die Nachkommen aus zwei weiteren Ehen als Halbbrüder hinzugesellten. Eine echte Patchworkfamilie also, die auch in zweiter Generation durch die unbefleckte Empfängnis eines Religionsgründers ungewöhnliche Wege beschritt, begleitet von einem Vater, der, statt als Vorbild sozialer Vaterschaft in die Religionsgeschichte einzugehen, ein etwas randständiges, im populären Verständnis sogar belächeltes Dasein fristen musste. Das war nicht immer so. Auch wenn einige Vertreter der Kirche immer wieder versuchen den Eindruck zu erwecken, die patriarchale Familie aus erwerbstätigem Vater, hausfräulicher Mutter und möglichst großer Kinderschar stelle das Urbild der christlichen Familie dar, so ist das nicht nur historisch sehr kurzsichtig, sondern widerspricht auch der biblischen Geschichte selbst, die in Anna, der Mutter Marias, in Joachim, Kleophas und Salomas, ihren Gatten, in Maria, Josef, Jesus und Johannes, seinem Halbbruder, lebendige Vorbilder eines anrührenden familiären Miteinanders hat. Nicht zuletzt die lutherische Privilegierung der Ehe als gottgefällige Lebensform hat die Überlieferung der *Heiligen Sippe* aus dem Bildgedächtnis verdrängt. Tilman Riemenschneider schnitt 1505 die Figurengruppe *Die heilige Anna und ihre drei Männer* in Lindenholz. Sie ist im Berliner Bode-Museum zu entdecken. Säkulares Berlin, freue dich!

Ort
Bode-Museum, Museumsinsel,
Bodestraße 1, 10117 Berlin

Verkehrsanbindung
S 1, 2 Oranienburger Straße,
S 5, 7, 9 Hackescher Markt oder
S- und U-Bahn Friedrichstraße

mehr

Ebenfalls im Bode-Museum zu bewundern: Hans Thomann, „Die heilige Familie", um 1515 (Saal 215), und „Anna Selbdritt", Vogtland, um 1520 (Saal 107).

Hans Thomann, Die heilige Familie, um 1515

Aufklärung

„Ich paßte in jede Kategorie, die von den Nazis verabscheut wurde; Jüdin, Sozialistin, Volksvertreter, emanzipiertes Weib ... Ich hatte nichts mehr in Deutschland zu tun ...“, so die Ärztin und Gesundheitspolitikerin Käte Frankenthal (1889–1976) in ihren Memoiren.

Die aus jüdischem Hause stammende Medizinerin, die 1914 als eine der ersten Frauen die deutsche Approbation erhalten hatte, setzte sich als Bezirksverordnete, als Mitglied der Berliner Stadtverordnetenversammlung und Neuköllner Stadtärztin vehement für Verhütung, sexuelle Aufklärung und gegen das Abtreibungsverbot ein. (➛ Cyankali) Je mehr sie die sozialen und gesundheitlichen Probleme in der Stadt wahrnahm, desto wichtiger erschien ihr die politische Arbeit, umso mehr, als sie in den Ausschüssen für Gesundheit, Wohlfahrt und Haushalt als einzige Frau vertreten war.

Dass Ende der zwanziger Jahre in den kommunalen Sexualberatungsstellen der Berliner Bezirke kostenlos Verhütungsmittel ausgegeben wurden, war ihrem Engagement zu verdanken. Auf Käte Frankenthal ging 1930 eine Verordnung des Magistrats zurück, Frauen durch unentgeltliche Beratung und Bereitstellung von präventiven Mitteln bei der Geburtenregelung zu unterstützen. In ihrer Arztpraxis, die sie neben einer Assistenzstelle in der Charité bis 1928 betrieb, beriet sie Mädchen und Frauen in Ehe- und Sexualfragen, sie verteilte kostenlos Verhütungsmittel und war auch bei der Beschaffung von Wohnraum, Nahrung und Kleidung für ihre vorwiegend sehr arme Klientel behilflich. Nach der Machtübernahme durch die Nationalsozialisten musste Käte Frankenthal emigrieren. Vernichtung und Zwangssterilisierung versus Mutterkreuz und Lebensborn – so lauteten die neuen Richtlinien der Bevölkerungspolitik. Die Bedürfnisse und die Not der Frauen spielten darin keine Rolle.

Ort
FFGZ (Feministisches Frauen Gesundheitszentrum), Bamberger Straße 51, 10777 Berlin

Verkehrsanbindung
U 3, 9 Spichernstraße,
U 4 Viktoria-Luise-Platz

Quellen
Bernhard Meyer: Eine Medizinerin in der Politik, Edition Luisenstadt, Berlin 1999

www.luise-berlin.de
www.berlin.de/sen/frauen/oeff-raum/plakataktion
Claudia von Gélieu und Bezirksamt Neukölln von Berlin (Hg.): Das Frauenviertel in Rudow, Berlin 2003

mehr

Käte Frankenthal: Der dreifache Fluch: Jüdin, Intellektuelle, Sozialistin. Lebenserinnerungen einer Ärztin in Deutschland und im Exil, Campus Verlag, Frankfurt am Main/New York 1981

Eine frauenfreundliche Medizin ist leider keine Selbstverständlichkeit.

Cyankali

Mit sicherem Gespür für die Sprengkraft des Themas betitelte der Arzt und Schriftsteller Friedrich Wolf (1888 – 1953) sein Theaterstück gegen den § 218: *Cyankali*. Nach der Uraufführung des gleichnamigen Films 1930 im Kino Babylon wurde Wolf prompt verhaftet, der Film verboten.
Der § 218 behielt seine Sprengkraft. Wo es keine sicheren Verhütungsmittel in Frauenhand gibt, war und ist Abtreibung vor allem ein soziales und gesundheitliches Problem – oft mit tödlicher Folge. Angesichts von Bevormundung, Heuchelei und Doppelmoral brach der Zorn der Frauen vehement einer neuen Frauenbewegung Bahn: Initiiert von Alice Schwarzer, bekannten 1971 auf dem Titel des *Stern* Prominente wie Romy Schneider, Senta Berger und Ursula Noack neben Hunderten weiterer Frauen: „Wir haben abgetrieben." Ein Skandal! Der § 218 wurde liberalisiert, angefochten, verschärft und stand und steht wieder und wieder zur Diskussion. Während die westdeutsche Frauenbewegung kämpfte, wurde den Frauen in der DDR 1972 die Fristenlösung gewährt. Damit war nach dem Mauerfall Schluss: Bis heute gibt es in Deutschland nur ein halbherziges Recht auf Schwangerschaftsabbruch.
Religiösen Vertretern aller Couleur ist nichts so sehr ein Dorn im Auge wie das Recht von Frauen, selbst über ihren Nachwuchs bestimmen zu können. Dabei zeigen alle Untersuchungen: Der beste Weg, Abtreibungen zu vermeiden, ist das uneingeschränkte Recht darauf. Wer die Entscheidung für ein Kind bestärken will, setzt sich für einen sozial akzeptierten, finanziell abgesicherten und medizinisch erstklassigen Schwangerschaftsabbruch ein, eingebettet in eine Kultur der Gleichberechtigung auch in puncto Sexualität und Empfängnisverhütung.

Ort
Kino Babylon in Mitte,
Rosa-Luxemburg-Straße 30,
10119 Berlin

Verkehrsanbindung
U 2 Rosa-Luxemburg-Platz

Quellen
Strafgesetzbuch der Bundesrepublik Deutschland

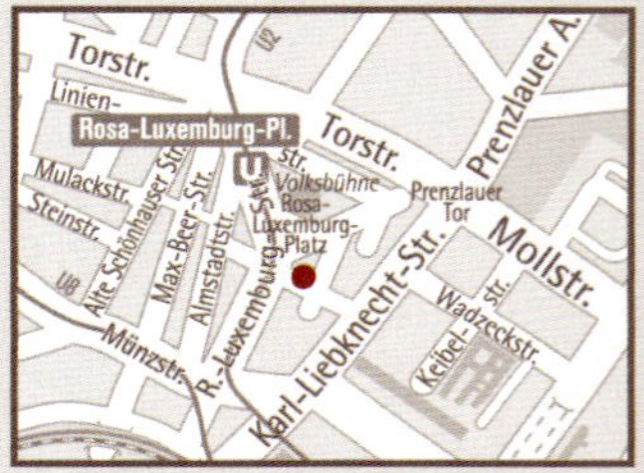

Gesetz über die Schwangerschaftsunterbrechung vom 9. März 1972 (DDR)

mehr
Karen Hagemann (Hg.): Eine Frauensache. Alltagsleben und Geburtenpolitik 1919–1933. Ausstellungsdokumentation mit einem Vorwort von Karin Hausen, Pfaffenweiler 1991

Das elendige Sterben an ungewollten Schwangerschaften und heimlichen Abtreibungen birgt keinen Sprengstoff – Selbstbestimmung schon.

Ehre

Im Februar 2005 wurde die junge Berlinerin Hatun Sürücü von ihrem Bruder ermordet. (➛ **Tüte**) Die Familie konnte es nicht ertragen, dass Hatun sich aus einer Zwangsehe befreit hatte und mit ihrem Kind ein eigenständiges Leben aufbaute, mit Wohnung, Ausbildung, selbstgewähltem Partner. Der Ehrenkodex – die Kontrolle über die weiblichen Familienmitglieder – war verletzt. Dann lieber eine tote Schwester.

Während in Talkrunden, Feuilletons und Integrationsgipfeln mal in entsetztem, mal in beschwichtigendem Ton über die islamisch geprägten Parallelwelten diskutiert wurde, bejubelten junge Muslime vor den Kameras die Gewalttat im Namen der Ehre. Eine weitverbreitete Ablehnung der westlichen Lebensweise unter dem Motto „Werdet nicht wie die Deutschen!“ wurde plötzlich öffentlich. Dabei geht es nicht um gern adaptierte technische oder soziale Errungenschaften, sondern im Wesentlichen um die Geschlechterrollen, um Gleichberechtigung und Selbstbestimmung, um den Kern eines demokratischen Menschenbildes. (➛ **Multikulti**)

Ein genauer Blick zeigt, dass viele Jungen und Mädchen versuchen, sich diesen populistisch-fundamentalistischen Denk- und Handlungsmustern zu entziehen. Sie öffnen sich demokratischen Werten und wollen die westlichen Freiheiten genießen, oft ohne zu wissen, wie sie das unter der strengen Kontrolle der eigenen Community machen sollen.

Die Mädchen im MaDonna-Mädchentreff in Neukölln-Nord wollten etwas unternehmen gegen die Unterdrückung, gegen das Morden. Auch Jungen, die sich von der ihnen aufgezwungenen gewalttätigen Rolle als Aufpasser ihrer Schwestern befreien wollten, machten mit. So entstand die Postkarte *Ehre ist, für die Freiheit meiner Schwester zu kämpfen*. Mit dieser Aktion zeigen mutige Mädchen und Jungen Gesicht für Freiheit und Gleichberechtigung.

Ort
MaDonna Mädchenkult.Ur e.V.,
Falkstraße 26, 12053 Berlin

Verkehrsanbindung
U 8 Boddinstraße

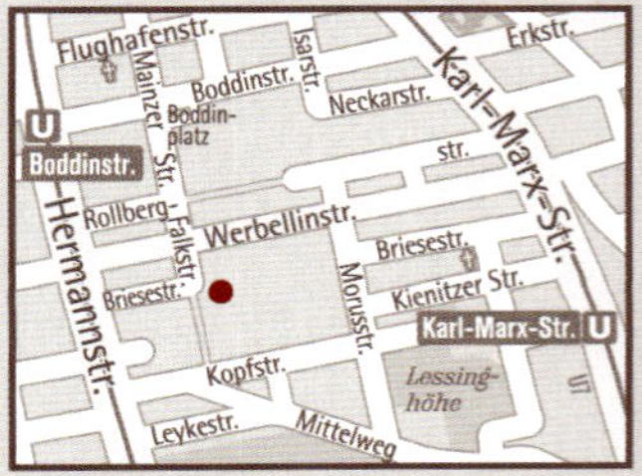

Quelle
Gabriele Heinemann: Mädchentreff oder Hurenclub? Soziale Ausgrenzung und Fundamentalismus sind Herausforderungen für die Jugendhilfe, in: unsere jugend 3/2006

mehr
www.frauenrechte.de
www.zwangsheirat.de

Muslimische Mädchen wollen gleiche Rechte – wie ihre Brüder, wie andere Mädchen auch.

Flotte Sohle

Ob Pas de deux oder Dirty Dancing, Techno oder Turniertanz: Auf einer einschlägigen Website werden tagesaktuell Partys und Events, Tanzworkshops und Festivals gemeldet. In Tanzpartnerbörsen lässt sich ein Partner oder eine Partnerin zum Walzer-, Foxtrott- oder Cha-Cha-Cha-Tanzen finden. Getanzt wird in Ballhäusern, Tanzschulen, Cafés und Clubs, aber auch im Grünen Salon der Volksbühne, im Pavillon am Volkspark Friedrichshain oder im Sommer unter den Kolonnaden vor der Alten Nationalgalerie auf der Berliner Museumsinsel.

Tanzen war in Berlin schon immer ein Volksvergnügen, billig und gut, denn: *Arm, aber sexy* hat hier Tradition. Köchinnen, Dienst- und Kindermädchen der Kaiserzeit gingen zum Schwof, bei Polka und Polonaise wurde so mancher Schuh durchgetanzt. Hoffentlich folgenlos. (➛ **Cyankali**)

Zum Charleston legte in den zwanziger Jahren die bessere Gesellschaft eine flotte Sohle aufs Parkett. Die Berliner Damenwelt schon damals immer vorneweg. (➛ **Queer**)

Auch ausgebombt, traumatisiert und schuldbeladen tanzte man mit erstaunlichem Elan bei kleinen Rationen in eine noch ungewisse Zukunft. Der neue Sound mit Boogie-Woogie, Jitterbug und Swing begeisterte für Amerika und Amerikaner. Das Elend des „Dritten Reiches“ und seine Scherben ließen sich so vergessen.

Love Parade und Technowahn, Tangowellen und Standard-Boom, wilde Clubs und Tischtelefone im Café Keese – beim Tanzen sucht jede Generation ihre spezifische Kultur von Annäherung und Distanz. Die Zurückhaltung der Männer beim Paartanz ist allerdings tanzszenenübergreifend. Aber in einer derart *queeren* Stadt ist auch das kein Problem. Gleichgeschlechtlich wird hier besonders gepflegt getanzt – mit allen Schwestern von allen Ufern.

Ort

TangoArt, Alte Bahnhofshalle Friedenau,
Bahnhofstraße 4d, 12159 Berlin

Verkehrsanbindung

S 1 Friedenau

Quelle

Daniel Haaksman: Verschwende deine Jugend, in: Spiegel online vom 14. Juli 2007

mehr

www.tangoart.de
www.tanzeninberlin.de
www.pinkballroom.de
„Dancing with Myself", Dokumentarfilm von Antje Kruska und Judith Keil, Berlinale 2005

Groschenroman

Die pragmatischen Amerikaner sagen: *If you can't leave it, love it*. Das entspricht nicht gerade dem deutsch-dramatischen Weltzugriff, hat aber auch hierzulande durchaus Erfolg. So wurde Hedwig Courths-Mahler (1867–1950) mit ihren unendlich vielen Romanen über das unendliche Glück, das einer armen, aber herzensguten Frau widerfahren kann, zur Königin der Trivialliteratur. Hedwig Courths-Mahler – Markenzeichen für Frauenromane der herzerwärmenden Art. Was Hollywood für die Filmindustrie, ist HCM für den Markt der bunten Bücher. Sie behauptet sogar stolz von sich, die Erfinderin des Happy End zu sein. Und ihre Tantiemen dürften auch an eine Traumfabrik erinnern. Den Adel hat sich HCM mit harter Arbeit erworben. Als Tochter einer Tagelöhnerin, mit nur vier Jahren Volksschule, erfasste sie mit bravouröser Genauigkeit den Zeitgeschmack von Liebe, Leidenschaft und Dramatik. Noch heute greifen Professorinnen zu ihren Büchern, um Vorlesungen zur Sozialgeschichte zu unterfüttern. Jeder Mangel in weiblicher Lebensrealität wird dort mit der ehernen Rezeptur vom sozialen Aufstieg durch beharrlichen Kampf um die Liebe geheilt.

Bei so viel Licht ist Schatten nicht fern. Neidische Gemüter sprachen von *Kotz-Mahler* und *Kurz-Malheur*, und im Vergleich zur männlichen Kitschprosa von Karl May bis Ernst Jünger, die in ehrwürdigen Fachvereinen gepflegt wird, hat es HCM nie in den bürgerlichen Bücherschrank geschafft – sicher aber auf Küchenborde und Nachttische.

Die Nationalsozialisten wollten HCM-Romane im SS-Milieu, mit jüdisch gezeichneten Schurken. Die Autorin lehnte ab. Die Nachkriegsgesellschaft verweigerte ihr Papierzuteilungen. Die DDR verbot ihre Werke, nunmehr sollte das Los der Frauen real verbessert sein. Aber gelesen wird sie immer noch. *If you can't leave it, love it.*

Ort

Gedenktafel Dönhoffstraße 11,
10318 Berlin

Verkehrsanbindung

S 3 Karlshorst

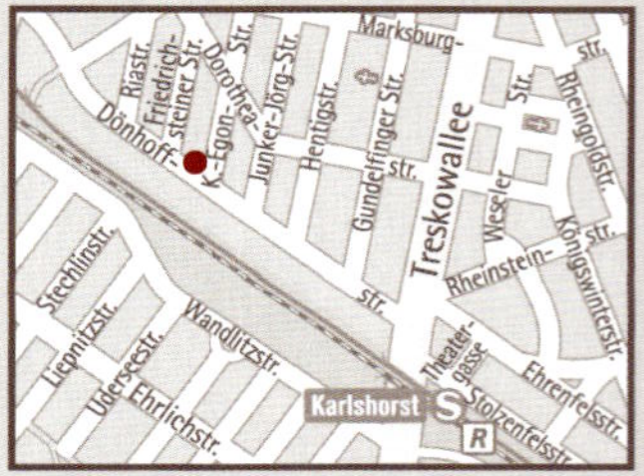

Quelle
Regina Söffker und Jutta Wolf: Lust auf Lichtenberg, Neunplus1 Verlag, Berlin 2004

mehr
www.dhm.de/lemo/html/biografien/CourthsMahlerHedwig
http://www.bastei.de/beitrag/standardbeitrag_17386.html – Leseprobe

Hund

Er ist überall. Er wird geliebt und getätschelt. Seinem Freiheitsdrang sind keine Grenzen gesetzt. Seinem Bindungsbedürfnis ebenso wenig. Er ist klassenübergreifend. Er kennt keine Grenzen und keine Vorurteile. Kinder und Alte, Reiche und Arme, Halunken und Hedonisten können sich auf ihn einigen. Er ist ein Hund.

Er ist Avantgarde. Der Hund zum Gehorchen ist passé. Seine Aufgabe ist größer. Er ist der Held auf dem Weg in die Zukunft. Er kann, was keiner sonst kann: Er überwindet die Mensch-Tier-Schranke. Sein Lebensraum ist der von Herrchen und Frauchen. Er teilt mit ihnen Bett, Sofa und Schüsselchen. Er teilt mit ihnen Freud, Leid und Fresschen. Er kennt ihren Ärger, ihren Schritt und ihr Lachen. Er ist ihr Spiegel. Gemeinsam sind sie ein Paar, dauerhaft und unzertrennlich. Geschieden nur durch den Tod.

Die Menschen werden immer isolierter. Er geht dazwischen. Die Menschen werden immer einsamer. Er gesellt sich zu ihnen. Keine Bank, auf der er sich nicht lümmelt. Kein Rasen, auf dem er nicht herumtollt. Kein Trottoir, auf dem nicht seine Hinterlassenschaften von guter Ernährung künden. Keine U-Bahn, in der er nicht Wegerecht einfordert. Wo Kinder ein Geschrei sind, ist er ein König. Ein König von Herrchens und Frauchens Gnaden. Wehe, wer nicht den Hut zieht. Wehe, wer nach der Leine fragt. Wehe dem, dessen Herz nicht übergeht, wenn er mit dem Schwanz wedelt. Zwischen Hund und Herz darf kein Platz bleiben.

Für alle gibt es Gesetze. Für ihn nicht. Er ist die Freiheit und die Anarchie. Er ist die Liebe und das nie enttäuschte Vertrauen. Er ist die Verlängerung des eigenen Selbst in die Welt und den Rinnstein. Er zeigt der Welt, was wir von ihr halten. Er gibt uns Halt in der Welt, die sich immer nur wegdreht. Er ist wir, und darum ist er gut. Er ist, wovon Frauen nur träumen können.

Ort
überall in Berlin

Eine Ahnung von Horde in der Anonymität der Großstadt

Ideal

Wo vom Ideal die Rede ist, ist die Schönheit nicht weit. Schönheit – die Wunderwaffe der Frauen und ihre Achillesferse. Schönheit ist wie das Märchen von Hase und Igel. Mal sieht sie so, dann wieder so aus. Spott denen, die sich quälen, und Häme jenen, die es nicht tun. Das Totschlagargument gegen jede Frau – und einfach nicht totzukriegen.
Alles ist relativ, sogar die Schönheit. Die vollrunde Göttin der Frühzeit, barocke Lust an der Diesseitigkeit, gepuderte Perücken, die Balance zwischen Dekolleté und Züchtigkeit, Hungerkünstlerin Twiggy – der Blick wandelt sich mit den Zeiten, aber es ist immer der Blick auf die Frau. Ein strenger Blick, medial eingeübt und millionenfach exekutiert. Vor allem von Frauen.
Die Messen der Schönheit verlangen nach Opfern. Frauen, immer dünner, verhungert fast, Chiffren von Prostitution, Gewalt, Vergewaltigung präsentierend, laufen als Hohepriesterinnen des Schönheitsideals über den Laufsteg. Kulturelles Kapital und reale Gewinne werden aus ihren Körpern geschlagen. Mädchen weltweit träumen davon, an ihrer Stelle zu sein, ein Model, keine Frau. Die passende Zurichtung übernehmen Frauen gern selbst. Und zahlen kräftig dafür, mit Geld, Schmerzen, Vitalität und Lebenszeit. Noch keine Diktatur kam so sanft daher wie das Diktat der Schönheit, und doch nimmt sie es an Unerbittlichkeit mit allen anderen auf. Ob hungern oder frieren, eingeschnürte Füße oder Taillen, eingesperrt und ausgestellt durch Materialeinsatz aller Art, aufgeschnitten, weggeschnitten, aufgeblasen, betäubt, gebleicht, geätzt – die Hilfsmittelchen der Schönheit passen problemlos in jedes Gruselkabinett. Und ganz ohne Polizeieinsatz.
Kluge Frauen schrieben es in der Wendezeit an die Reste der überflüssig gewordenen Mauer: *Alle Frauen sind schön, überall.* Ein schönes Ideal.

Ort
Plastik „Die Erde"
von Ingeborg Hunzinger,
Monbijoupark, 10117 Berlin

Verkehrsanbindung
S 5, 7, 9 Hackescher Markt,
S 1, 2 Oranienburger Straße

Quelle

Familienplanungszentrum Balance e.V., Mauritiuskirchstraße 3, 10365 Berlin: Erklärung zum Internationalen Frauentag 2008

Wer schön sein will, muss auf die Ideale pfeifen.

Knut

Er ist so süß! Nein, er *war* so süß. Der kleine Eisbär Knut, von seiner Mutter verstoßen und von einem liebevollen Pfleger aufgezogen, wurde zur weltweiten Sensation. Die Welt sah einen Mann, der Tag und Nacht um das hilflose Wesen bekümmert war, Fläschchen gab, streichelte, wärmte und heldenhaft schlaflose Nächte ertrug. In seiner Obhut gedieh der kleine Eisbär, mit dem er nun spielte, tobte, den er tröstete, anregte und mit dem er eine von Fachleuten wie dem Publikum bezeugte höchst gelungene Bindung aufbaute.

Frauen in aller Welt schauten hingerissen zu. Was für ein vorbildlicher Vater so ein Mann sein kann! Keine Spur von mangelnder evolutionärer Begabung zur Brutpflege. Kein Hauch von Männlichkeitsverlust durch liebevolle Umsicht. Nicht einmal ein Nachlassen der Attraktivität beim weiblichen Geschlecht. Mythen brachen zusammen. Der Jäger und Sammler ist auch zur aktiven Vaterschaft befähigt. Ein kleiner Bär hat es uns gezeigt. Einen Vater zu haben wie Knut! Hoffen wir, dass sich das Wunder seines mythensprengenden Aufwachsens fortsetzt und ähnliche Überraschungen folgen. Das wäre schön für kleine Bären und gute Väter, glückliche Mütter und eine Zukunft, in der Männer Frauen anders begegnen können, als sie, wozu auch immer, zu brauchen.

Ort

Bärengehege im Zoo Berlin, Hardenbergplatz 8, 10787 Berlin
Knut ist am 19. März 2011 überraschend gestorben.

Verkehrsanbindung

S- und U-Bahn Zoologischer Garten

Kleiner Bär mit großer Wirkung

Leise, Peterle, leise …

In einem sommerlichen Garten sitzt eine junge Frau, drei kleine Kinder spielen friedlich auf der bunten Wiese, dabei Verse sprechend, die ihr Spiel begleiten, *Häschen in der Grube* vielleicht oder *Rumpumpel tanzt*. Später, die goldenen Grillen zirpen, der Mond steht über dem grünen Haus, singt sie die Kinder in den Schlaf: *Leise, Peterle, leise …*

Die junge Frau ist Paula Dehmel, die ihren Kindern Gedichte, Geschichten und Lieder schrieb, lebendig, alltagssprachlich und voller Poesie. Verse, die noch heute ihren festen Platz im Repertoire vieler Kindergärten haben, auch wenn die Idylle, in der sie entstanden, inzwischen selbst wie ein Märchen erscheint.

Paula wurde 1862 als Tochter von Julius Oppenheimer, Rabbiner der jüdischen Reformgemeinde in der Johannisstraße, geboren. Sie genoss ihre Kindheit in einer nichtorthodoxen, weltoffenen Familie. Gemeinsam lauschten die Geschwister den Märchen, die der Vater so wunderbar erzählen konnte. Paula griff den Faden auf. Mit fünf Jahren las sie, begeistert trug sie Gedichte vor. Die einfühlsame Atmosphäre ihrer Kindheit, die Blütezeit des assimilierten, liberalen Judentums in Deutschland, Paulas große musikalische und literarische Begabung und nicht zuletzt die Ermutigung und Unterstützung durch ihren Ehemann Richard flossen in ihr Werk ein. 1895 erschien das erste gemeinsame Kinderbuch der Dehmels, mit *Fitzebutze* (1900) und *Rumpumpel* (1903) gelang der Durchbruch.

Als erfolgreiche Autorin, wundervolle Gastgeberin und Förderin junger Künstlerinnen und Künstler lebte Paula Dehmel bis 1918 in Pankow und Wilhelmsaue. Als der Erste Weltkrieg zu Ende ging, lag auch die Welt ihrer Kindheit in Trümmern. Mit ihrer Poesie bezaubert sie uns bis heute.

Ort
Gedenktafel Parkstraße 56,
13187 Berlin

Verkehrsanbindung
Tram 50, Bus 250, 255 Rathaus Pankow

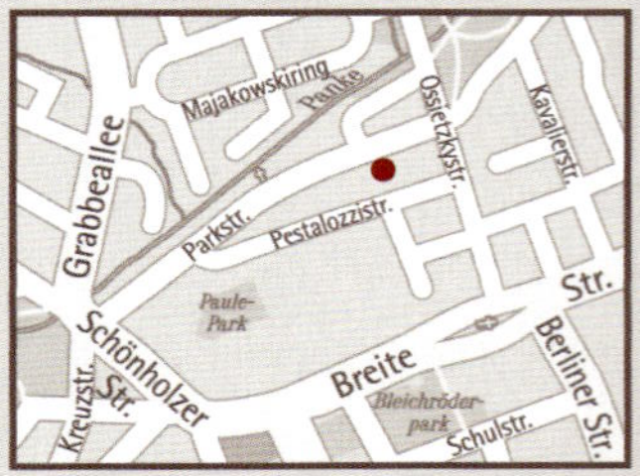

Quelle

Ulla Jung: Ich möchte euch alle miteinander …, in: SpurenSuche. Frauen in Pankow, hg. vom Bezirksamt Pankow von Berlin, Berlin 2002

mehr

Paula Dehmel: Rumpumpel, Agora Verlag, Berlin / Darmstadt 1987

Lust

Die Lust ist in Berlin zu Hause. Gehört die neudeutsche Sexyness auch dazu? Warum nicht. Macht es Lust, im Lustgarten zu lustwandeln oder lieber einem der Lustschlösser einen Besuch abzustatten? Lustvoll Cocktails zu schlürfen, die Nächte durchzutanzen oder, höchstes der Gefühle, in einer der unzähligen Malls shoppen zu gehen? Oder gar, das Erotikmuseum zu besuchen, bei allen begründeten Zweifeln, dort den weiblichen Gelüsten verpflichtete Lustmittel zu finden?

Anders bei La Luna, dem Frauenerotikladen, der als einer der ersten seiner Art in der ➛ **Weiberwirtschaft** eröffnete. Doch warum so schnell zur Sache kommen? Ist die weibliche Lust nicht ein ewiges Drumherumschleichen? Und ein Rätsel allemal: Was will die Frau? Dieser Frage ging Sigmund Freud ein ganzes Forscherleben lang nach. Und was fand er? Nichts als seinen eigenen Blick: den Penisneid. Ach je!

Frauen haben inzwischen ein paar Antworten gegeben, die Freud selbst mit etwas mehr Mut seinen Patientinnen hätte ablauschen können. Mit aufregenden Berichten von den Kinseys und Hite begann der Aufbruch in die Labyrinthe weiblicher Lust. Dabei stand die Renaissance des weiblichen Lustzentrums mit einem kleinen, aber feinen Organ im Mittelpunkt, das bei der, nun ja, penetranten Konzentration auf den Phallus etwas an öffentlicher Reputation verloren hatte. Vor allem aber begannen Frauen, auch jenseits wissenschaftlicher Reportagen von ihrer Lust und ihren Träumen zu erzählen. Dass Lust im Kopf beginnt, und in den Lebensumständen, galt es neu zu entdecken. In Berlin bat die Verlegerin Gudula Lorez (➛ **Second Life**) um die Zusendung erotischer Texte von Frauen – mit großer Resonanz. Eigene Wünsche ernst nehmen und frauenfeindliche Pornographie bekämpfen – das sind die Hauptanliegen lustvoller Feministinnen bis heute.

Ort
Schiffsrestaurant Alte Liebe,
Havelchaussee 107,
Ecke Am Postfenn, 14055 Berlin

Verkehrsanbindung
S 75, 9 Pichelsberg,
Bus 218 Am Postfenn

Quellen
Christiane Olivier: Jokastes Kinder. Die Psyche der Frau im Schatten der Mutter, München 1989

Alice Schwarzer: Der kleine Unterschied und seine großen Folgen, Frankfurt am Main 1990

mehr

Gudula Lorez: Sandgeflüster. Erotische Reisegeschichten: Frauen gehen fremd, München 1989

Wo die Nacht den Tag umarmt. Erotische Phantasien und Geschichten von Frauen, Reinbek 1992

www.laluna-toys.de

Nonnen

Berlin ist katholische Diaspora, und dennoch ist das Kloster Karmel Regina Martyrum eine typische Erscheinung des heutigen multireligiösen und vielfach atheistischen Berlins. Typisch, weil die Nonnen des Klosters sich gleich vielen anderen religiösen Gemeinschaften um die Belange der Stadt kümmern. Typisch auch, weil die Vielfalt der Religionen zu Toleranz und Eigensinn gleichermaßen führt. Und beides sind die Nonnen vom Karmeliterinnenkloster in ganz besonderer Weise.

Das Kloster wurde 1983 als Ausgründung des Karmelklosters Heilig Blut, das auf dem Gelände des Konzentrationslagers Dachau ansässig ist, errichtet. Seitdem betreuen die elf Karmeliterinnen die Gedenkstätte Plötzensee. 2891 Menschen wurden hier zwischen 1933 und 1945 von den Nationalsozialisten geköpft, gehenkt und erdrosselt, darunter auch am Attentat auf Hitler vom 20. Juli 1944 Beteiligte.

Die Schwestern halten die Erinnerung an die Opfer der nationalsozialistischen Diktatur wach. Aber sie beten auch für sehr heutige Dinge: für Jugendliche, die keinen Ausweg mehr sehen, für Alleinerziehende und immer wieder für eine friedliche Welt. In der nahegelegenen Gedenkkirche Maria Regina Martyrum ist Platz für alle: Jüdische, christliche, muslimische, buddhistische und atheistische Frauen und Männer suchen Ruhe und Rat bei den Nonnen. Gedenkstättenarbeit ist per se ökumenisch. In Plötzensee sind nicht nur Katholiken hingerichtet worden, sagen die Schwestern. Einmal im Jahr laden die Nonnen vor allem junge Frauen zu einem Tag im Kloster ein, es gibt auch Tage der Einkehr und spezielle Meditationstage. Und natürlich gibt es einen Klosterladen mit guten Dingen aus Klostergärten, -küchen und -werkstätten. In dieser Hinsicht hat Berlin ja traditionell Missionsbedarf.

Ort

Kloster und Klosterladen,
Heckerdamm 232, 13627 Berlin

Verkehrsanbindung

U 7 Jakob-Kaiser-Platz,
Bus 123 Friedrich-Olbricht-Damm / Heckerdamm

Quellen

www.karmel-berlin.de
www.luise-berlin.de
Die Tageszeitung vom 26./27./28. Mai 2007

Erschöpft von der Arbeit: Karmeliterin auf dem Heimweg

Queer

Sie tanzten durch die lila Nächte der zwanziger Jahre (➛ **Flotte Sohle**), sie lasen die *Freundin* und promenierten als kesse Väter und Femmes durch die Straßen der pulsierenden Metropole Berlin. Sie mussten sich vor den Nazis und deren völkischem Frauenideal verstecken, wurden teilweise verfolgt, teilweise ignoriert. In den spießigen Jahren des Wiederaufbaus lebten sie „im Schrank“: Sie versteckten ihre Liebe vor der Öffentlichkeit und entfalteten einen kleinen, aber feinen Kosmos lesbischen Lebens im Sub, also in Bars und Clubs. Mit der Frauenbewegung kamen sie endlich „raus“: im Lesbenaktionszentrum Berlin, auf den rauschenden Frauenfesten mit den Flying Lesbians, auf Demos, mit Power und lustvoller Provokation.

Berlin war zwar nie nur das strahlende Eldorado für lesbische Frauen, doch hier ließ es sich besser leben und lieben als in anderen Städten oder gar der Provinz. Junge Lesben und Schwule finden bis heute zielsicher ihren Weg nach Berlin.

Im Ost-Berliner Sonntagsclub und teilweise unter dem Dach der Kirche gab es auch in der DDR vorsichtige Versuche einer Emanzipation.

Die Gesellschaft gewöhnt sich an offen lesbische und schwule Menschen auch in der Politik und in öffentlichen Positionen. Lesben geben sich auf dem Standesamt das Jawort, lesbische Mütter treten in Kitas, Schulen und Jugendämtern auf, lesbische Nachbarinnen, Kolleginnen, Kommilitoninnen oder Sportskameradinnen sind keine Seltenheit mehr. Anfeindungen und Diskriminierungen, Verschweigen und Abwerten – das gibt es immer noch. Aber immer weniger. Und die Berliner Landespolitik stärkt mit ihrer Antidiskriminierungspolitik auch Lesben, Schwulen und anderen *queeren* Leuten den Rücken.

Ort
RuT – Rad und Tat e.V.,
Schillerpromenade 1, 12049 Berlin

Verkehrsanbindung
U 8 Boddinstraße

mehr
www.lilaarchiv.de
Landesstelle für Gleichbehandlung – gegen Diskriminierung, www.berlin.de/lb/ads/
www.lesbischeinitiativerut.de

Rose

Nur wenige Schritte vom Alex entfernt, versteckt in der zweiten Reihe, befindet sich in der Rosenstraße ein kleiner Platz mit großen Skulpturen aus rotem Stein, mit Moos begrünt. Hier geschah zur Nazizeit Unvorstellbares: offener Widerstand gegen das Regime, gegen die Verschleppung von Juden.

Frauen waren es – ganz entgegen dem damaligen Männlichkeitskult, der kriegerische Männer als Helden feierte und Frauen Heldentum höchstens im Kindbett zugestand, entgegen auch der Erinnerung an den Widerstand, die Frauen meist auf den Rang von Kurierinnen reduzierte – Frauen also waren es, die wirklich Mut bewiesen, die ihr Gesicht zeigten, die auf der Straße der Polizei und der SS sowie der eigenen Angst trotzten und die den Kampf gewannen: Sie bekamen ihre jüdischen Männer und Söhne frei.

In der sogenannten Fabrikaktion waren im Februar 1943 Tausende jüdische Männer und männliche Jugendliche an ihren Arbeitsplätzen verhaftet worden; diejenigen mit einer arischen Ehefrau oder Mutter waren hier in die Rosenstraße gebracht worden. Ihre Frauen und Mütter legten, unterstützt von Freundinnen und Freunden, sofort lautstarken Protest ein, sie versammelten sich zu Hunderten vor dem Gebäude und ließen sich auch von Drohungen der SS nicht einschüchtern. Nach sechs Tagen kam der Befehl, die Männer freizulassen.

Was geschah mit den jüdischen Frauen und Töchtern arischer Männer? Darüber ist nichts bekannt. Das Denkmal der Bildhauerin Ingeborg Hunzinger für die Heldinnen in der Rosenstraße wurde erst 50 Jahre nach der Aktion errichtet. Es erinnert auch an die Alte Synagoge von 1714, das jüdische Bad und die jüdische Sozialverwaltung, die sich vor dem Holocaust hier befanden.

Ort

Denkmalensemble Rosenstraße,
10178 Berlin

Verkehrsanbindung

Tram M 4, M 5, M 6, Bus 100, 200
Spandauer Straße

Quelle

www.berlin-judentum.de/denkmal/rosenstrasse-1.htm

mehr

Gernot Jochheim: Frauenprotest in der Rosenstraße Berlin 1943, Hentrich & Hentrich, Berlin 1990

Nathan Stoltzfus: Widerstand des Herzens. Der Aufstand der Berliner Frauen in der Rosenstraße – 1943, dtv, München 2002

„Rosenstraße", Film von Margarethe von Trotta, D 2003

Frauen standen hier. Tod besiegen.

Koloraturen

BiOriental
märchenhaft einkaufen
Maybachufer
Wochenmarkt
Die + Fr
11-18:30 Uhr

Almancilar

Almancilar ist das türkische Wort für *Deutschländer*. Almancilar, so werden sie in der Türkei genannt: die vielen Türkinnen und Türken, die seit den sechziger Jahren auch in Berlin arbeiten und leben. Viele Stadtviertel Berlins sind ohne türkische Menschen, Läden und Einrichtungen gar nicht mehr vorstellbar. Zwei Länder, zwei Sprachen, zwei Kulturen, das ist Bereicherung und Herausforderung zugleich. Von den Herausforderungen, insbesondere für Frauen, hört man viel: Kopftuch, Zwangsverheiratung, Ehrenmord heißen die Stichworte. Türkische Frauen müssen wie Frauen überall für Selbstbestimmung und ein Leben ohne Gewalt kämpfen. (➛ **Ehre**, ➛ **Multikulti**)

Jenseits der schwierigen Debatten gibt es auch ein entspanntes und freudiges Miteinander. Der bunte Wochenmarkt am Maybachufer gehört dazu. Frauen mit und ohne Kopftuch drängen sich zwischen den langen Reihen von Verkaufsständen entlang dem Landwehrkanal. Hier wissen Händlerinnen sich mit lauter Stimme Gehör zu verschaffen, Berge von Gemüse wechseln die Besitzerin – und großzügig werden auch kleine Singleportionen verkauft. Über allem liegt Bewegtheit und Ruhe zugleich. Von Hektik will hier niemand etwas wissen. Fehlt nur noch der Teeverkäufer, der sein Tablett voller Teegläser durch das Gewühl balanciert.

Ort
Markt am Maybachufer,
Dienstag und Freitag
12.00 bis 18.30 Uhr,
Maybachufer, 12047 Berlin

Verkehrsanbindung
U 8 Schönleinstraße

Die entspannteren Momente der Integration

Berliner Schnauze

Ick sitze da und esse Klops.
Uff eenmal kloppt's.
Ick sitze, kieke, wundre mir,
uff eenmal is se uff die Tür.
Nanu denk ick, ick denk nanu!
Jetzt is se uff, erst war se zu.
Ick jehe raus und kieke,
und wer steht draußen? Icke.

Wenn Witz, Poesie und Philosophie der Straße auf höchstem Reflexionsniveau zusammengehen, gewürzt mit Selbstironie und gnadenlosem Understatement oder auch unbekümmerter Protzerei, dann kann es sich nur um eins handeln: eine Berliner Pflanze pommerscher, schlesischer, ruhrpöttischer, Berliner, italienischer, türkischer oder russischer Herkunft.
(➛ Berliner Pflanze, ➛ Mont Klamott)

Ohren auf!

Schnauzenpoesie unter S-Bahn-Brücken in Mitte

Fisimatenten

Die Berlinerin wohnt gern in der *Beletage*, kommt hin und wieder in die *Bredouille*, brät vorzügliche *Buletten* und mag es gar nicht, wenn jemand *Fisimatenten* macht.

Das Berliner Vokabular ist voll von französischen Wörtern, die kaum noch ihre Herkunft erkennen lassen: Kinkerlitzchen *(quincaillerie)*, todschick *(tout chic)*, ratzekahl *(radical)*, mausetot *(mort si tôt)* und so weiter. (➛ **Bulette und Muckefuck**)

In keiner anderen europäischen Metropole ist der französische Einfluss so groß und historisch so fest verwurzelt wie hier. Französisch-berlinerische Paare wie Voltaire und Friedrich II., Alexander von Humboldt und Aimé Bonpland, Marlene Dietrich und Jean Gabin sowie natürlich Marianne und Berolina zeugen davon.

Ende des 17. Jahrhunderts bot der Große Kurfürst durch das Edikt von Potsdam den verfolgten Hugenotten Zuflucht. Bei Hofe und in den feinen Kreisen wurde Französisch gesprochen, hugenottische Gouvernanten waren höchst begehrt. Sie lehrten Sprache, Umgangsformen und Tischmanieren. *Temps perdu*. Damen französischer Herkunft brachten im Berlin des 18. und 19. Jahrhunderts die Salonkultur zur Blüte. (➛ **Salon**)

Das neue, billig anzufliegende, noch so rohe und wandelbare Berlin hat es auch den jungen Französinnen und Franzosen von heute angetan. Sie genießen das vergleichsweise kostengünstige und lebendige Berlin mit seinen Brachen und Chancen. Vereine, Schulen und Forschungszentren, Museen, Theater und Kinos, dazu Unternehmen, Geschäfte und Restaurants zeugen von einer neuen deutsch-französischen Hochzeit. Apropos: *Visitez ma tente* (Besuchen Sie mein Zelt), sollen die napoleonischen Soldaten seinerzeit den kessen Berlinerinnen zugerufen haben. Besorgte Mütter ermahnten dann ihre unternehmungslustigen Töchter, *keine Fisimatenten zu machen.*

Ort
Französischer Dom mit
Hugenottenmuseum,
Am Gendarmenmarkt,
10117 Berlin

Verkehrsanbindung
U 2 Stadtmitte

Quellen

Cyril Buffet: Fisimatenten. Franzosen in Berlin und Brandenburg, hg. von der Ausländerbeauftragten des Berliner Senats, Berlin 1997

Conrad Grau: Berlin, Französische Straße. Auf den Spuren der Hugenotten, Illustrierte Historische Hefte Nr. 46, Deutscher Verlag der Wissenschaften, Berlin (Ost) 1987

Geburtshaus

Fünf Hebammen gründeten 1987 am Klausenerplatz das erste Geburtshaus in Deutschland. Sie alle waren in Berliner Kliniken beschäftigt und teilten die Kritik an den damaligen Zuständen: rein funktionale Kreißsäle, die vorschnelle Gabe von Schmerzmitteln, Schichtwechsel der Hebammen während einer Geburt und die sofortige Untersuchung des Neugeborenen unmittelbar nach der Entbindung. In einer Zeit, als die programmierte Geburt auf der Wunschliste der Mediziner ganz oben stand, hat die Geburtshausbewegung eine Kehrtwende eingeleitet. Der Grundgedanke: Frauen können in der Regel ihre Kinder selbst gebären, sie müssen nicht *entbunden* werden. Und sie möchten das vor allem nicht in einer Atmosphäre tun, in der sie klinisch rein, steril und entmündigt sind.

Etwa 70 Prozent aller Geburten in Deutschland sind nach den Kriterien der Weltgesundheitsorganisation WHO als normale Geburten einzustufen, die keiner medizinischen Intervention bedürfen. Doch nicht einmal 10 Prozent dieser als risikolos qualifizierten Geburten werden tatsächlich ohne medizinischen Eingriff durchgeführt. Der Kaiserschnittanteil liegt in Deutschland bei fast 29 Prozent!

Geburt ist keine Krankheit – unter diesem Motto hat die Geburtshausbewegung als Teil der Frauenbewegung einen neuen Blick auf die Geburt ermöglicht und den Geburtsalltag auch in den Kliniken nachhaltig verändert. Nicht der reibungslose Ablauf des Klinikgeschehens, sondern das Wohlergehen von Mutter und Kind stehen im Mittelpunkt. In den Geburtshäusern verstehen sich die Hebammen als verlässliche Lotsen sowohl während der Schwangerschaft als auch bei der Geburt und in den Monaten danach. Mit nur rund zwei Prozent außerklinischen Geburten ist Deutschland allerdings noch Entwicklungsland. (➛ Guter Hoffnung)

Ort
Geburtshaus Charlottenburg,
Spandauer Damm 130,
14050 Berlin

Verkehrsanbindung
S 41, 42 Westend,
Bus M 45 Klausenerplatz

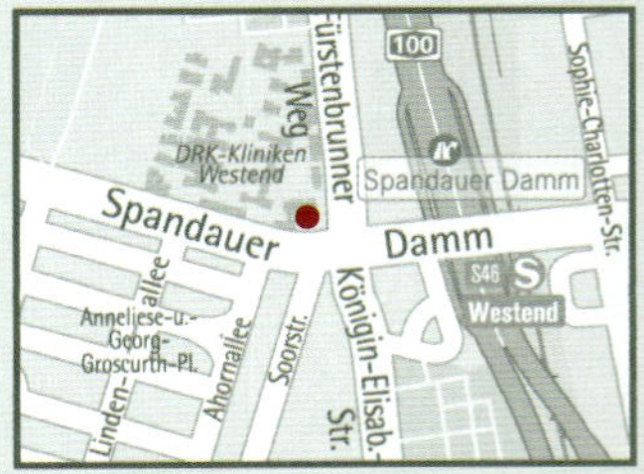

Quelle
www.geburtshaus-berlin.de

mehr
www.hebammenforschung.de

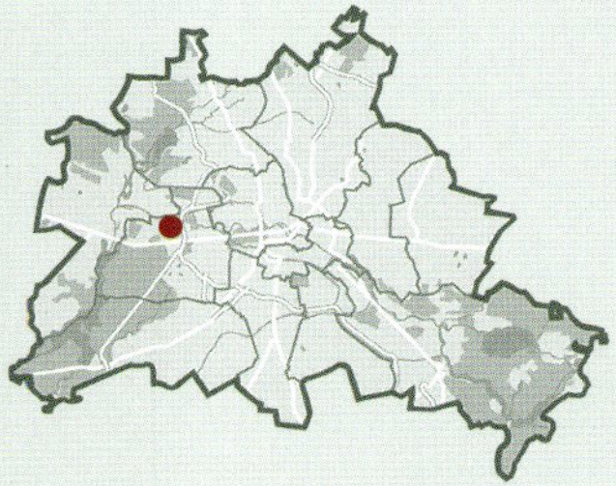

Humboldt

Wer kennt sie nicht, die Brüder Wilhelm und Alexander von Humboldt, die so nachhaltig die deutsche Wissenschaftsgeschichte prägten? Aber sind die Lebensleistungen dieser Männer denkbar ohne den Einfluss und das Wirken der Frauen dieser Familie? (➛ Clio) In einem Brief an eine Freundin schrieb zum Beispiel Wilhelm von Humboldt über seine spätere Frau Caroline: „... sie hören, sehen, mit ihr leben würde meinen Grundsätzen mehr Festigkeit, meinem Geiste überhaupt höhere Gesichtspunkte, meinem Handeln mehr Wirksamkeit und Kraft, meinem Herzen mehr Ruhe geben ...“

Die ungewöhnliche Bildung, die Aufgeschlossenheit und die Lebensfreude der humboldtschen Frauen begeisterten und prägten die Berliner Gesellschaft. Zum Freundeskreis zählten die Großen der damaligen Zeit, etwa Königin Luise von Preußen, Johann Wolfgang von Goethe, Friedrich Schiller sowie Charlotte von Schiller und Caroline von Wolzogen, Angelika Kauffmann, Christian Daniel Rauch und Friedrich Wilhelm von Schadow. (➛ Salon) Die Biographien von Marie Elisabeth, Caroline, Adelheid, Gabriele und Constanze beschreiben zugleich eine historisch bewegte Zeit Europas, von 1741 bis 1920. Die Frauen der Familie von Humboldt begegnen uns als vielsprachige Kosmopolitinnen, als Salonièren und Künstlerinnen, gebildet in den Wissenschaften und Religionen, dazu als Gattinnen, Mütter, Haushaltungsvorstände – Frauen zwischen Aufbruch und Tradition. Caroline und Wilhelm von Humboldt lebten im Schloss Tegel und bauten es nach Plänen von Karl Friedrich Schinkel aus. Das Schloss mit seinem wunderschönen Park war Wohn- und Lieblingsort der Familie von Humboldt. Hier befindet sich auch die Grabstätte derer von Humboldt. In Reinickendorf wurde so manches nach Humboldt benannt, der Hafen, die Bibliothek ... Warum dabei nicht auch an Caroline denken, oder an Adelheid?

Ort
Schloss Tegel,
Gabrielenstraße / Adelheidallee 19,
13507 Berlin, Besichtigung in den Sommermonaten möglich

Verkehrsanbindung
U 6 Alt-Tegel,
Bus 133, 222 An der Mühle

Quellen

Flyer anlässlich der Ausstellung „Die Frauen der Familie von Humboldt" im Heimatmuseum Reinickendorf, März 2006

Beate Neubauer: Schönheit, Grazie und Geist. Die Frauen der Familie von Humboldt, Edition Ebersbach, Berlin 2007

Die Blickachse, die Caroline sich schuf, ist auch heute noch inspirierend.

Jungfer

Die Jungfer hat sich vielfach verewigt im Berliner Stadtbild. Offensichtlich hat es etwas Bedeutendes mit ihr, der jungen, der jungfräulichen Frau, auf sich. Auf der Jungfernbrücke in Mitte soll eine mit vielen unverheirateten Töchtern gesegnete Hugenottenfamilie (➛ Fisimatenten) ihren Warenstand aufgeschlagen haben. Diese erwarben sich den Ruf, die größten Klatschbasen von Berlin und Cölln zu sein. Heute verirren sich nur selten junge schwatzende Dinger in das ehrwürdige und verschwiegene Viertel hinter dem Außenministerium.

Die Jungfernmühle in Britz erinnert an eine traurige Begebenheit. Hier soll die Müllerstochter durch einen Windmühlenflügel zu Tode gekommen sein. Der Vater ließ ihr Relief in Eichenholz stechen und unter der Mühlenwelle zu ihrem Gedenken einsetzen.

Ob die Jungfer im Grünen, ein wunderschönes, blau blühendes Hahnenfußgewächs, in der Jungfernheide mit ihrem Nonnengraben anzutreffen ist, sollte herauszufinden sein. Dieser Park liegt in der Nähe der Nonnendammallee (➛ Nonnen) und ist über den Jungfernheideweg, vorbei am Jungfernheideteich, zu erreichen. Ob die Nonnen und die Jungfern wohl miteinander zu tun haben?

Weniger poetisch mutet die Bedeutung der Jungfernschaft in patriarchalen Familienverbänden an. Als Symbol der Familienehre, die sich an der Kontrolle über die Mädchen und Frauen festmacht, ist sie Anlass zu Mythen und Riten, zu Tränen und Ängsten, manchmal zu Entscheidungen über Leben und Tod. (➛ Ehre) Tricks zur Vorspiegelung einer intakten Jungfernschaft gab es schon immer, heute greift die moderne Chirurgie manchmal hilfreich ein. Doch erst die vollständige, auch kulturelle und sexuelle Gleichberechtigung der Geschlechter wird die Jungfer in die Vergangenheit entlassen.

Ort
Jungfernbrücke,
Oberwasserstraße 11,
10117 Berlin

Verkehrsanbindung
U 2 Spittelmarkt

Jungfernbrücke, Jungfernseufzer, milde Nebel, lange Schatten

Lisa und Jackie

LiSA wurde 1982 im Kiez am Klausenerplatz geboren. Sie hat sich ein bisschen herumgetrieben und wohnt jetzt im Schwarzwaldhaus hinter dem ungemütlichen Spandauer Damm. LiSA ist die Tochter von Migrantinnen, die als Gastarbeiterinnen nach Berlin kamen, sich in der Frauenbewegung engagierten und für ihre Töchter Freizeiträume außerhalb der Familie schaffen wollten. Wie ihre Schwestern, der Mädchenladen Wedding, MaDonna in Neukölln (➛ Ehre) und das Café Pink in Schöneberg, ist auch LiSA der Meinung, dass Migrantinnen und andere *schwarze Frauen* nicht umstandslos im Feminismus der weißen Schwestern aufgehen, dass sie einer eigenen Stimme und Artikulation bedürfen.

LiSA ist großzügig und kämpferisch, immer knapp bei Kasse, frech und ideenreich. Sie lädt Mädchen aus aller Herren (soso) Länder ein, sich nach Lust und Laune auszuprobieren, wütend zu sein – und dafür ein Wuttraining geschenkt zu bekommen –, fröhlich, ehrgeizig oder traurig. LiSA ermutigt Mädchen, ein ganzer Mensch zu werden, eigenwillig, eigenständig, dem Leben und den Menschen zugewandt.

Inzwischen hat LiSA eine kleine Schwester: Jackie ist gern draußen unterwegs, und wenn sie nicht auf dem Gelände am Jakob-Kaiser-Platz anzutreffen ist, dann in dem bunt bemalten Bauwagen, der dort steht. Allerdings nur im Sommer, im Winter ist es ihr zu kalt. Jackie denkt gar nicht daran, die Straße den Jungs zu überlassen. Sie tobt genauso gern durch den öffentlichen Raum. Und mit ihrer Musikgruppe *Böse Mädchen* macht sie richtig Stimmung. Sonst hat LiSA keine Schwestern, doch leider viel zu viele Brüder, die mit Mädchen so gar nichts am Hut haben. LiSA ist jetzt schon 25, und sie findet es höchste Zeit, dass das Geld für Jugendliche endlich gerecht für Mädchen und Jungen gleichermaßen eingesetzt wird.

Ort

Jugendzentrum Alte Feuerwache,
Axel-Springer-Straße 40 – 41,
10969 Berlin

Verkehrsanbindung

U 2 Spittelmarkt, U 6 Kochstraße,
Bus M 29 Axel-Springer-Straße/
Oranienstraße

mehr
Interkultureller Mädchen- und Frauenladen LiSA e.V.,
Spandauer Damm 65 (Hinterhof),
14059 Berlin

Powerfrauen schaffen Platz für Powergirls von heute.

Lola

Gefühlt fängt der deutsche Film mit der feschen Lola an, er hört aber nicht mit ihr auf. Von Marlene Dietrich im *Blauen Engel* besungen, bleibt sie dem deutschen Film treu. Hanna Schygulla spielte sie 1981 in Fassbinders gleichnamigem Film, Franka Potente holte sie 1998 mit beeindruckender Kondition in Tom Tykwers ➛ Lola rennt in die Filmmoderne zurück. Und die *Goldene Lola – der Deutsche Filmpreis* wird jedes Jahr im Mai in Berlin verliehen.
Die Stadt ist in der Filmbranche inzwischen selbst zum Star avanciert. Attraktiv als Produktionsort – auch Hollywoodteams mit Weltstars wie Jodie Foster oder Nicole Kidman drehen in Berlin und Babelsberg –, dient sie in vielen Filmen und TV-Produktionen als wahlweise attraktive oder heruntergekommene, hypermoderne oder historische Kulisse.
Das Produzieren der Filme überlassen die Frauen schon lange nicht mehr nur den Männern. Die bekannteste Berliner Filmproduzentin dürfte Regina Ziegler sein, die 2006 sogar mit einer Retrospektive im New Yorker Museum of Modern Art geehrt wurde. Das MoMa würdigte damit erstmals das Werk einer Frau. Aber auch kleine von Frauen geführte Produktionsfirmen machen auf sich aufmerksam. So das Unternehmen ITWORKS, vertreten durch Annekatrin Hendel, oder Rois Pictures, die junge Filmverleih- und Produktionsfirma der Schauspielerin Sophie Rois, die endlich mitbestimmen will, welche Filme ins Kino kommen. (➛ Spielzeit)
Für Kinojunkies ist Berlin sowieso ein Eldorado, mit 85 Kinos weist es die größte Kinodichte in der Republik auf. Und im Februar lässt sich mit der Berlinale die Dosis spielend erhöhen.

Ort
Grab von Marlene Dietrich,
Friedhof Stubenrauchstraße 43,
12161 Berlin

Verkehrsanbindung
U 9, S 41, 42, 47 Bundesplatz

Quellen
www.berlin-friedenau.com
www.ziegler-film.com
www.itworksmedien.de
www.roispictures.de

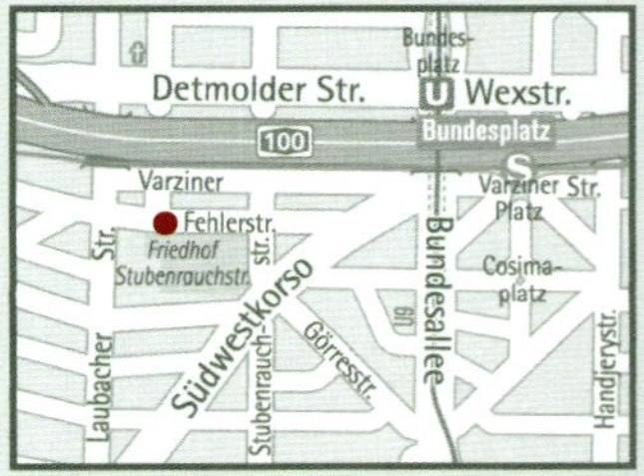

mehr

Markus Münch: Drehort Berlin, berlin edition, 2007
Regina Aggio: Filmstadt Berlin 1895 – 2006, Verlag Jena 1800, Berlin 2007
Michaela Schubert und Wolfgang Bernschein: Berlin. Reisen – Ein Film. Der spezielle Reiseführer, Wolbern Verlagsgesellschaft, Berlin / Potsdam 2007

Unvergessen: ihre Schönheit, ihre Stimme, ihr aufrechter Gang

Malweiber

Abwertend klingt es, dieses *Malweiber*! Niemandem wäre es seinerzeit eingefallen, einen Kunstmaler *Malkerl* zu nennen. Die Malerinnen um 1900 jedoch mussten sich diese Titulierung gefallen lassen, sprach man ihnen doch die Fähigkeit, Kunst zu schaffen, schlichtweg ab. Schöpferische Genialität war als ausschließlich männliche Eigenschaft definiert. Frauen, die damals als professionelle Künstlerinnen arbeiten wollten, verstießen nicht nur gegen gesellschaftliche Normen, sondern standen auch vor dem Problem, wie sie eine Ausbildung erwerben sollten, war ihnen der Zutritt zu den offiziellen Kunstakademien bis zur Weimarer Republik doch auch in Berlin verwehrt.

Dass die *Malweiber* dennoch zu herausragenden Künstlerinnen reiften, beweisen Namen wie Käthe Kollwitz (➛ **Pietà**) und Paula Modersohn-Becker, Hannah Höch (➛ **Dada**) und Lotte Laserstein, Jeanne Mammen und die bis Anfang 2000 fast vergessene Clara Siewert, die 1944 bei einem der Bombenangriffe auf Berlin umkam. Die meisten ihrer Werke wurden dabei vernichtet. Nach wie vor ist der Katalog *Das Verborgene Museum – Dokumentation der Kunst von Frauen in Berliner öffentlichen Sammlungen* von 1987 das relevante Nachschlagewerk auch für Berliner Malerinnen, das zugleich offenbart, dass die meisten Werke von Frauen – und das gilt leider nach wie vor – ihren Platz im Archiv und nicht in Ausstellungen haben. (➛ **Clio**) Seit seiner Gründung 1986 hat *Das Verborgene Museum* durch Ausstellungen und Publikationen bereits die Lebenswerke von rund hundert Künstlerinnen der Moderne einem interessierten Publikum vorgestellt.

Ort

Das Verborgene Museum, Schlüterstraße 70, 10625 Berlin

Verkehrsanbindung

S 5, 7, 75, 9 Savignyplatz

Quellen

Cornelia Carstens, Margret Luikenga und Stephanie von Ow: Immer den Frauen nach!, hg. vom Berliner Geschichtswerkstatt e. V., Berlin 1993

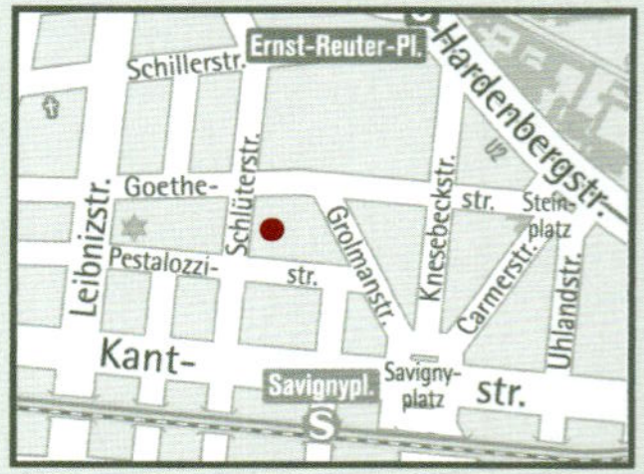

www.museumsportal-berlin.de
www.berlin-judentum.de

mehr
Kerstin Merkel und Heide Wunder (Hg.): Ungewöhnliche Frauen. Deutsche Dichterinnen, Malerinnen, Mäzeninnen aus vier Jahrhunderten, Piper Verlag, München 2007

Mietsachen

Mieten kann frau in Berlin beileibe nicht nur Wohnungen, Autos, Fahrräder oder Liegestühle. Die clevere Hauptstädterin kauft sich keine Gucci-, Prada- oder Dior-Tasche, sie mietet sie. Das kostet nur einen Bruchteil des wahren Preises, macht aber beim Ausgehen auf die, für die so etwas Bedeutung hat, den gleichen Eindruck.

Apropos Ausgehen: Es gibt Angebote für alle, die nicht allein gehen möchten, zum Beispiel ins Theater oder auf Entdeckungstour durch die Stadt. Spezielle Agenturen vermitteln Schauspieler, Architekten, Künstler oder Sportler, die sich auch als Begleiter zum Tanzen, zum Segeln und zum Tennis anbieten. Wer aber lieber mit einer Frau Berlin entdecken will, sollte bei Laura Méritt nachfragen. Sie betreibt einen europaweit einzigartigen Eskortservice von Frauen für Frauen.

Bei ganz anderen Bedürfnislagen springt das Service-Unternehmen *Berliner Demonstranten* ein. Wofür oder wogegen auch immer – hier lässt sich engagiertes Personal mieten, das mit den gewünschten Parolen auf die Straße geht. Und zur Berlinale vermieten sich vor allem Studentinnen und Studenten als Kartenansteher für zeitknappe Cineasten. (➛ Lola)

Berlin ist eben eine Mieterstadt – das zeigt sich auch im Detail.

Ort
Mimi – Textile Antiquitäten zum Ausleihen,
Goltzstraße 5, 10781 Berlin

Verkehrsanbindung
U 7 Eisenacher Straße

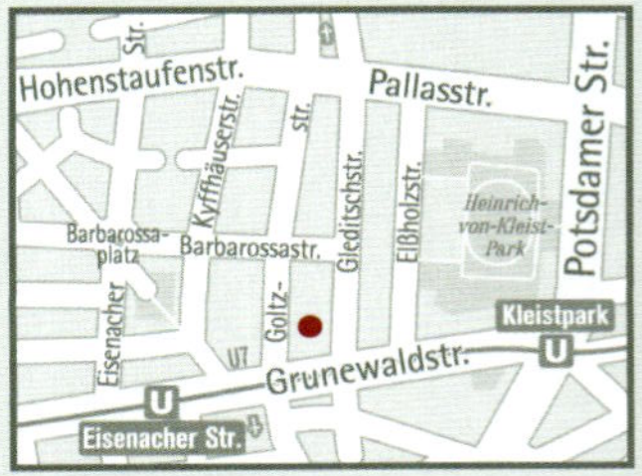

Quelle
akzente 4/2007

Multikulti

Obwohl Berlin nach dem Krieg zerstört, geteilt und als deutsche Hauptstadt nicht mehr existent war – Anziehungskraft übte sie auf Menschen aus nah und fern über alle Wechselfälle der Geschichte hinweg aus. Nach West-Berlin kamen Studierende, Provinzphobikerinnen, Kriegsdienstverweigerer, Kunstschaffende, aber auch die damals so genannten Gastarbeiter, Frauen und Männer aus Südeuropa und der Türkei (➛ **Almancilar**); nach Ost-Berlin strömten Funktionäre aus Sachsen, junge Bauarbeiterinnen und Bauarbeiter, ebenfalls Studierende, politische Flüchtlinge aus Chile sowie Frauen und Männer aus Vietnam (➛ **Unterm Bambusdach**), Kuba und Afrika, die zur Vertragsarbeit angeheuert worden waren.

Nach dem Fall der ➛ **Mauer** kamen junge Menschen in die Metropole der Kreativität und Spontaneität. Regierungsbeamte, Lobbyisten und Investoren stellten das neue Hauptstadtpersonal. Russlanddeutsche (➛ **Russendisko**) und Kriegsflüchtlinge aus dem ehemaligen Jugoslawien kamen in die Stadt, libanesische Großfamilien und polnische Lebenskünstler/-innen sowie unzählige Mädchen und Frauen aus Osteuropa auf der Suche nach Arbeit und Glück. (➛ **Perlen & Putzfrauen**, ➛ **Rotlicht**)

Ende 2008 waren in Berlin aus Europa 165 775 Frauen, aus Afrika 6 640, aus Amerika 12 693, aus Asien 34 801 und selbst aus Ozeanien 890 Frauen melderechtlich als Ausländerinnen registriert – Frauen aus mindestens 188 Ländern der Erde. Keine verlässlichen Zahlen gibt es über die vielen Migrantinnen, die bereits die deutsche Staatsbürgerschaft haben. Es sind viele!

Russische, polnische oder türkische Kieze prägen mittlerweile den Berliner Alltag. Beim Karneval der Kulturen präsentiert sich das multikulturelle Berlin einmal im Jahr als besonders bunt und attraktiv.

Ort
Mehrgenerationenhaus
Reinickendorf,
Auguste-Viktoria-Allee 17,
13403 Berlin

Verkehrsanbindung
U 8 Kurt-Schumacher-Platz,
Bus M 21, 122 Auguste-Viktoria-Allee / Humboldtstraße

Mehrgenerationenhaus: Mit Liebe zum multikulturellen Detail

Multikulti

Multikulti ist nicht gut oder schlecht. Multikulti ist Realität. Menschen vieler Nationalitäten leben hier, das verändert das Leben der Alteingesessenen wie der Zugewanderten. Die intensiven Auseinandersetzungen um das Zusammenleben in der Stadt, um Integration, Assimilation und Spracherwerb, zeigen, dass das für alle eine große Herausforderung darstellt. Begegnungen verändern alle Beteiligten. Aber die Bedingungen müssen klar sein.

Besonders konfliktträchtig ist das Austarieren zwischen religiöser Toleranz, kultureller Vielfalt und der uneingeschränkten Gültigkeit des Grundgesetzes. Nicht zufällig stehen dabei die Rechte von Frauen immer wieder im Zentrum. Schließlich widersprechen traditionelle, kulturelle und religiöse Vorstellungen patriarchaler Gesellschaften klar der grundgesetzlich verbürgten Gleichberechtigung von Frauen. Deswegen gehört zu jedem Bekenntnis zur Vielfalt auch das Bekenntnis zur Gleichberechtigung, das Recht von Mädchen und Frauen auf uneingeschränkten Schulbesuch, eigenständige Partnerwahl, Schutz vor familiärer Gewalt, individuelle Glaubensfreiheit und Lebensführung zu gewähren – und sie in der Wahrnehmung dieser Rechte auch zu unterstützen. Das ist die eigentliche Alternative zu Parallelgesellschaften und grundgesetzfreien Räumen.

Ort
Karneval der Kulturen
Friedrichshain-Kreuzberg

Karneval der Kulturen.
Kleiner Mann, ganz groß: Den Traum träumt man überall gern.

Polionautinnen …

… Conterganovinnen und Blindgängerinnen. Keine Panik! Stopp! Nicht gleich die Polizei rufen! Wir sind keine Verbrecherinnengang, aber auch nicht ungefährlich, denn wir wehren uns gegen Fremdbestimmung und Bevormundung und fordern unsere Rechte. Wer nun meint, wir seien Astronautinnen, irrt ebenfalls. Allerdings sind wir in der Einflugschneise Tempelhof zu finden und heben gern einmal ab. Dann befreien wir uns von den Fesseln der Vorurteile und der Fremdbestimmung, vertreten unsere Interessen selbst, haben Spaß und tun, was uns gefällt.
Denn wir sind stark! Viele von uns wussten das lange Zeit nicht. Und den meisten von uns ist das auf den ersten Blick auch nicht anzusehen.
Wir freuen uns immer, wenn es uns gelingt, weitere Mädchen und Frauen mit den unterschiedlichsten Behinderungen aus ganz Berlin einzufangen. Sie haben bei uns die Chance, Veranstaltungen aufzumischen, Beraterinnen zu verwirren oder den anderen Frauen ihre Stärken zu zeigen.
So werden wir immer mehr Polionautinnen, Conterganovinnen und Blindgängerinnen – oder wie würdet ihr euch bezeichnen? Eins steht jedenfalls fest: Allein sind wir stark, gemeinsam sind wir unschlagbar!

Ort
Einflugschneise Flughafen Tempelhof,
Leinestraße 27/28, 12049 Berlin

Verkehrsanbindung
U 8 Leinestraße

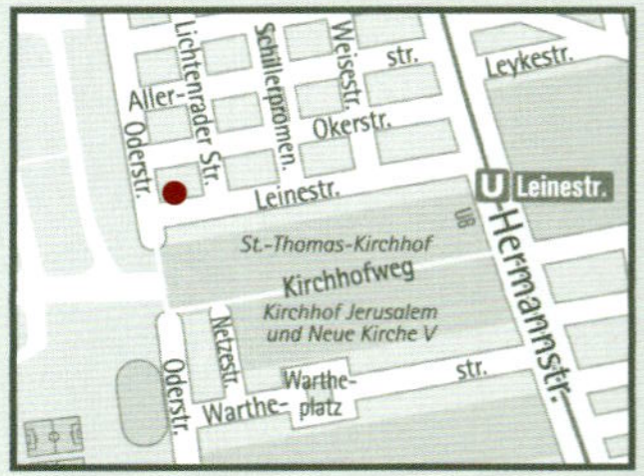

Quelle
www.netzwerk-behinderter-frauen-berlin.de

mehr
Netzwerk behinderter Frauen Berlin e.V.,
Leinestraße 51, 12049 Berlin

Quer durch'n Garten

Kaum zu glauben: Es gibt in Berlin weit über dreißig landwirtschaftliche Betriebe. Eigentlich ist das aber nicht verwunderlich, hat die Stadt doch auch in vielen Dörfern, aus denen sie zur heutigen Größe gewachsen ist, ihre Wurzeln. Zudem betätigte sich Berlin lange Zeit selbst landwirtschaftlich: 1922 war die Berliner Stadtgüter GmbH gegründet worden. Sie bewirtschaftete damals rund 25 000 Hektar Fläche. Im Sommer 2007 endete diese Episode großstädtischen Einflusses auf die ländliche Ökonomie. Berlin trennte sich von seinen letzten Stadtgütern, die wurden privatisiert. Die derzeitigen Landwirtschaftsbetriebe in Berlin, oft von Generation zu Generation vererbt, sind kaum noch Bauernhöfe im klassischen Sinn; Pferde und das Vermieten von Stallungen sichern heutzutage oft die Existenz.

„Nichts ist ein Bauer ohne Frauenpower", verkündet die Vorsitzende des Berliner Landfrauenverbandes in ihrer Lübarser Küche, in der wie eh und je Punkt zwölf das Mittagessen auf dem Tisch steht. Der Verband vertritt und fördert die Interessen der Berliner Landfrauen. Netzwerkarbeit und fachliche Weiterbildung der Frauen sind unter anderem seine Ziele. Das Dorf Lübars, mit idyllischem Panorama auf das Märkische Viertel, vermittelt mit seiner gut erhaltenen Struktur einen Einblick in das ländliche Berlin der Vergangenheit.

Landluft schnuppern kann frau aber auch an vielen anderen Stellen in der Stadt, so zum Beispiel in der Domäne Dahlem, dem Berliner Bauernhof mit U-Bahn-Anschluss. Dieser Landwirtschaftsbetrieb, dreißig Minuten vom Kurfürstendamm entfernt, ist ein agrarhistorisches Freiluftmuseum mit Ackerbau und Viehzucht, in dem frau nicht nur im Hofladen stöbern, unter grünen Baumkronen Kaffee trinken, sondern sogar eine Traktorrundfahrt machen kann.

Ort
Alt-Lübars, 13469 Berlin

Verkehrsanbindung
Bus 222 Alt-Lübars (Endhaltestelle)

Quellen
Berliner Landfrauenverband e.V. im Landesverband Gartenbau und Landwirtschaft Berlin-Brandenburg e.V.

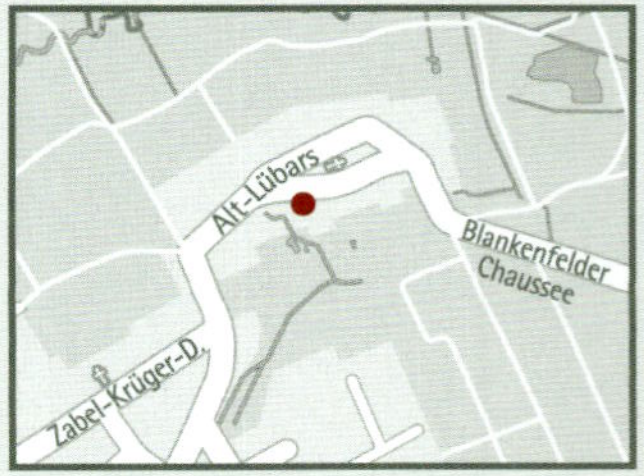

www.domaene-dahlem.de
www.grueneliga-berlin.de

mehr
Berliner Landfrauenverband e. V.,
Kontakt: Frau Kühne-Sironski,
Erste Vorsitzende,
Alt-Lübars 27, 13469 Berlin,
Telefon (030) 4025395

Berliner können alles, sogar Dorf.

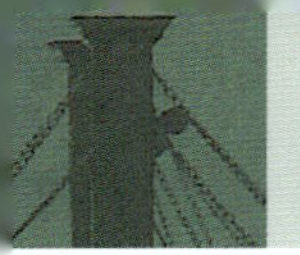

Russendisko

Olga Kaminer kam 1990 – es gab die DDR noch – mit ihrer Familie nach Berlin. Die schweißtreibende Russendisko hat ihr Mann Wladimir ins Leben gerufen und damit eine neue Phase der Russophilie in der Stadt eingeläutet. Russen in Berlin, das hat Tradition. Jüdische Emigranten, die vor den Pogromen des Zarenreiches flüchteten, wie auch die vor der Russischen Revolution ins Exil geflohenen Weißgardisten, Aristokraten und Intellektuellen siedelten sich hier an, vornehmlich im sogenannten *Charlottengrad*, dem Zentrum der Exilanten.

Die Eroberung der Stadt durch die Rote Armee 1945 bedeutete für die Berlinerinnen Befreiung und unsägliches Leid zugleich. Den Sieg über die Nazis bezahlten sie mit massenhaften Vergewaltigungen, die ganz in der Tradition männlicher Kriegsführung als Demütigung des Gegners und Siegtrophäe dienten. Die Frauen schwiegen, im Osten aus politischer, im Westen aus kleinfamiliärer Räson. Durften die einen im Sieger nicht den Vergewaltiger benennen, so drohte den anderen Schande ob des Unrechts, das ihnen angetan worden war.

Keine guten Voraussetzungen für Aussöhnung und Wiederbegegnung. In der DDR versteckte man die Soldaten des großen Bruders. Im Westen blühte die antisowjetische Propaganda. Die Berlinerinnen verloren ihre Skepsis nie so ganz. Dennoch, die Stadt bietet nach der „Wende“ zirka 100 000 Russlanddeutschen eine neue Heimat. Während die meist gut ausgebildeten Frauen sich relativ schnell integrieren, fällt es den Männern schwer, die Anforderungen der bundesrepublikanischen Wirklichkeit zu bewältigen. Dieses Auseinanderdriften führt innerhalb der Familien zu erheblichen Belastungen. Die Russendisko, diese fröhlich-optimistische Veranstaltung, bleibt für viele nur ein Traum.

Ort
Deutsch-Russisches Museum
Berlin-Karlshorst,
Zwieseler Straße 4, 10318 Berlin

Verkehrsanbindung
S 3 Karlshorst

Quellen
Rosemarie Schumann: Fremde Heimat, Verlag am Park, Berlin 2003
Thomas Urban: Russische Schriftsteller im Berlin der zwanziger

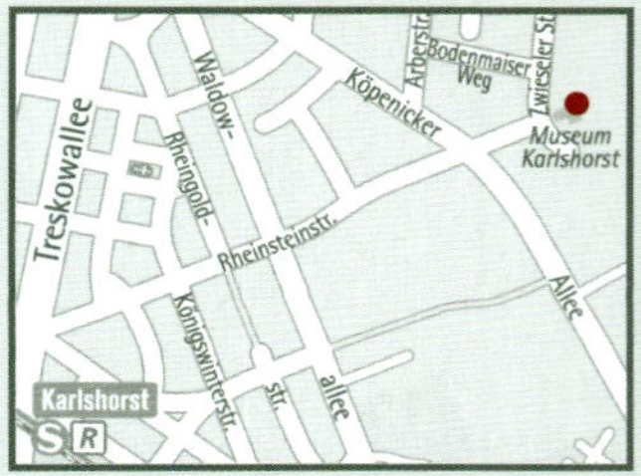

Jahre, Nicolaische Verlagsbuchhandlung, Berlin 2003
Karl Schlögel: Das russische Berlin. Ostbahnhof Europas, München 2007

mehr

Wladimir Kaminer: Russendisko, Goldmann, München 2002
StattReisen „Charlottengrad – Russisches Leben in Berlin"
www.007-berlin.de
www.russisches-theater.de

Malochen

MV/KE/VM
RVD/FL/LS (1)

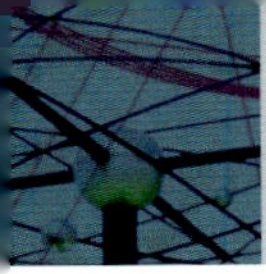

Alex

Der Alexanderplatz, Verkehrsknotenpunkt im proletarischen Osten der Stadt, beeindruckte 1928 die aus Salzburg stammende junge Schriftstellerin Grete Weiskopf (1905 –1966) so sehr, dass sie sich das Pseudonym Alex Wedding zulegte: Alex nach dem bekannten Platz, Wedding nach dem Arbeiterbezirk *Roter Wedding*. So viel begeisterte Identifikation ist selbst für Berlin eine Ausnahme. Aber Alex hat der Stadt dafür auch ein außergewöhnliches Buch geschenkt.

Die Geschichte von *Ede und Unku* (1931) erzählt von sozialer Not und kindlicher Solidarität in den zwanziger Jahren. Der zwölfjährige Ede, Sohn eines Arbeitslosen, lernt auf einem Rummelplatz das Sintimädchen Unku kennen. Er ist beeindruckt von der unkonventionellen Unku, die auch mal eine Zigarre raucht und ihre eigene Auffassung von mein und dein hat. Ede trägt Zeitungen aus, um das knappe Familienbudget etwas aufzubessern, Unku unterstützt ihn dabei mit Pferd und Wagen. Das bringt ihm Spott und Hohn der anderen Zeitungsjungen ein. Mit einem Fahrrad will er sich Anerkennung verschaffen, ein aussichtsloser Wunsch. Doch Unku ergaunert etwas Geld und besorgt ihm ein Rad. Die Vorurteile der Erwachsenen sind bestätigt. Auch Ede kann seine Freundin erst später verstehen.

Die Nazis warfen das Buch 1933 in die Flammen. In der DDR wurde es Schullektüre. Alex Wedding gelang die Flucht nach New York. Erna Lauenberger, das Vorbild für Unku, wurde 1943 mit ihren beiden Kindern als ➛ **Zigeunerin** in Auschwitz ermordet.

Alex Wedding gilt heute als Begründerin der proletarischen Kinderliteratur. Die Akademie der Künste vergibt alle zwei, drei Jahre einen Alex-Wedding-Preis für Kinder- und Jugendbücher. Und der Alex ist immer noch der arme Verwandte, ohne Schick, aber voll das Leben.

Ort
Alexanderplatz, 10178 Berlin

Verkehrsanbindung
S- und U-Bahn Alexanderplatz,
Bus TXL, M 48, 100, 200, 248,
Tram M 2, M 4, M 5, M 6

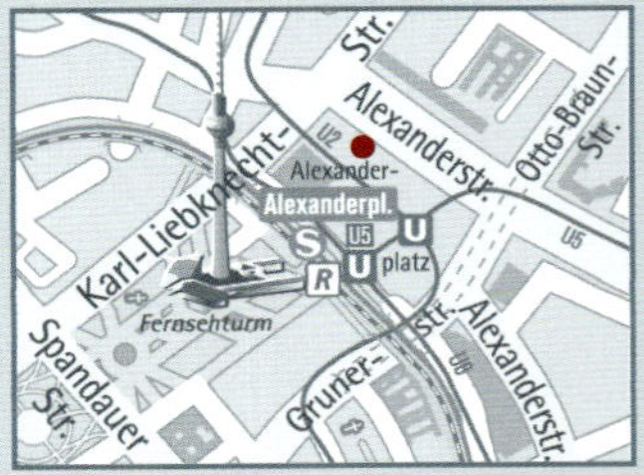

Quellen

http://de.wikipedia.org/wiki/Grete_Weiskopf
www.amadeu-antonio-stiftung.de

mehr

Harald Hauswald: Alexanderplatz. Fotografische und literarische Erinnerungen, Jaron Verlag, Berlin 2007

Egal, wie er bebaut wird, Alex bleibt Alex.

Berliner Luft

Im Gassenhauer besungen und ob ihrer Freiheitsversprechen als Stadtluft gesucht, war die reale Berliner Luft bis vor wenigen Jahren alles andere als lobenswert. Industrie, Kohleheizungen und anschwellender Autoverkehr sorgten für Gestank, Dreck und gesundheitsbedrohliche Messwerte. Heute bleibt der Schnee wochenlang weiß – unglaublich für jene, die noch die schwarze Schmiere der Achtziger kennen. Für die Berliner Luft ist das Zusammenspiel des industriellen Niedergangs, der Umrüstung der Heizsysteme und der Einführung von Abgasfiltern ein Segen. Für Hausfrauen und Mütter, die mit Schmutz und kranken Kindern zu kämpfen hatten, auch. Inzwischen hat Berlin eine Umweltzone, der gröbste Dreck ist weg, doch die Bedrohung durch Feinstaub und CO_2 gilt es weiterhin zu bekämpfen.

Gut wäre es darum, hätten Frauen in der Umwelt- und Verkehrspolitik das Sagen. Kritischer gegenüber dem Autoverkehr, sensibler für Umweltbedrohungen, häufiger konfrontiert mit den negativen Auswirkungen von Verschmutzung und Lärm auf das Alltagsleben, ist ihnen eine beherztere Politik in Sachen Umweltschutz zuzutrauen. Das Gegenteil ist allerdings der Fall. Ob Verwaltung oder Regierung, sogar bei den Umweltverbänden, es sind erstaunlich wenige Frauen in verantwortlichen Positionen zu finden, und das trotz des signifikant größeren Interesses von Frauen für Umweltfragen.

Der Verein Baufachfrau steuert gegen und informiert mit der Wanderausstellung *Prima Klima für Frauen* über Berufe mit Zukunft im Klimasektor. Hier lassen sich Beruf und Umweltengagement verbinden – ein idealer Arbeitsmarkt für Frauen, den sie nicht links liegen lassen sollten. Dass zunehmend Pionierinnen in Sachen Lehmbau, Guerilla-Gardening und interkultureller Gemüseanbau gesichtet werden, gibt Anlass zu weiteren Hoffnungen für das Berliner Klima.

Ort
Berliner Funkturm,
Hammarskjöldplatz 1,
14057 Berlin

Verkehrsanbindung
S 41, 42 Messe Nord / ICC,
U 2 Theodor-Heuss-Platz

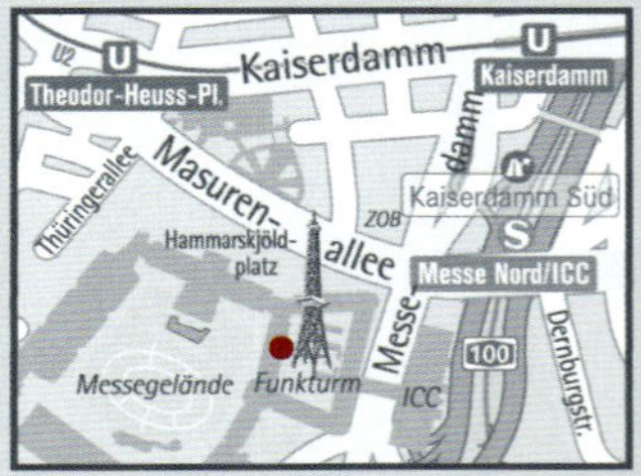

Quellen

www.genanet.de
www.stadtentwicklung.berlin.de
www.baufachfrau-berlin.de
www.berlingoesgreen.de

Der blaue Himmel über Berlin – einfach nur schön

Extrawurst

Sie sägen, löten, hämmern, fegen Schornsteine, reparieren Autos und decken Dächer: Längst haben die Frauen das Handwerk erobert und führen Tag für Tag das gern gebrauchte Argument von Unternehmen, für Frauen müsse man ja immer eine Extrawurst braten, ad absurdum. Die Angst vor weiblichen Unruhestiftern auf Baustellen lässt nach.

Die Handwerkskammer Berlin registriert seit Jahren einen stetig steigenden Frauenanteil und liegt damit in Deutschland kontinuierlich an der Spitze. Ob als Unternehmerinnen, Führungskräfte, qualifizierte Mitarbeiterinnen oder Lehrlinge – die Männerdomäne Handwerk wankt. Ein Drittel der Azubis im Berliner Handwerk sind weiblich, mit steigender Tendenz. Bundesweit sind es knapp ein Viertel. Doch nicht nur die Zahl der weiblichen Azubis, auch ihr Bildungsniveau steigt: 12,4 Prozent sind Abiturientinnen, bei den männlichen Azubis sind es nur 5,9 Prozent.

Die überdurchschnittlich guten Leistungen der Frauen spiegelt nicht zuletzt der alljährlich stattfindende Praktische Leistungswettbewerb der Deutschen Handwerksjugend wider: Obwohl nur rund ein Drittel der Berliner Auszubildenden Frauen sind, stellen sie etwa die Hälfte der Landessieger.

Das Kompetenzzentrum für Handwerkerinnen gibt Frauen in handwerklichen Berufen wertvolle Unterstützung: Die Teilhabechancen von Handwerkerinnen, die ihren Beruf aus Überzeugung gewählt haben, werden gefestigt und weiter erhöht. Durch individuelle Personalentwicklungsangebote für Handwerkerinnen und Betriebe, kompetenzerweiternde Weiterbildungsangebote und gezielte Öffentlichkeitsarbeit werden die beruflichen Entwicklungschancen von Handwerkerinnen gefördert und das Image von Frauen im Handwerk und in der öffentlichen Wahrnehmung gestärkt.

Ort
Rixdorfer Schmiede,
Fachbetrieb Gabriele Sawitzky,
Richardplatz 28, 12055 Berlin

Verkehrsanbindung
U 7 Karl-Marx-Straße,
S 41, 42 Sonnenallee

Quelle
Handwerkskammer Berlin,
www.hwk-berlin.de

mehr
www.frauenimhandwerk.de

Handwerk hat goldenen Boden – auch für Frauen.

Fräulein vom Amt

Legendär geworden ist das Fräulein vom Amt, steht es doch für ein Phänomen weiblicher Berufsarbeit, das sich in den 1920er Jahren neu herausbildete. Berufstätige Frauen gab es zuvor auch schon, wie die für einen Hungerlohn tätige Heimnäherin (➛ **Trampeltiere**), das Hausmädchen, die Waschfrau (➛ **Waschweiber**), Zofen und weibliche Bedienstete aller Art (➛ **Perlen & Putzfrauen**) sowie die unzähligen Arbeiterinnen, die im sich industrialisierenden Berlin in den Manufakturen und Fabriken schufteten. Neu war der soziale Status der weiblichen Angestellten, unabhängig durch das eigene Gehalt und mit eigener Wohnung oder wenigstens *möbliert*. Die zumeist ledigen jungen Frauen gingen tanzen, ins Kino, fuhren ins Grüne, trieben sogar Sport und pfiffen auf die Vorstellungen der Alten, dies sei unschicklich. (➛ **Amazone**) Entsprechend wurden Hosen getragen, die Röcke kürzer, ebenso die Haare; der Bubikopf feierte seinen Siegeszug. Die jungen Frauen rauchten, besuchten Cafés und Restaurants, Theater und Kabaretts und gingen am Montag wieder ins Büro, ins Geschäft oder eben in die Telefonzentrale der Post. Die neue Frau war geboren – und für die umtriebige Rechte der Weimarer Republik sollte sie zum Schreckbild für Kulturverfall und Degeneration werden. Literatur und Film hingegen feierten die neuen, auch als Konsumentinnen interessanten Heldinnen: Mascha Kaléko (1907–1975) mit ihrem *Lyrischen Stenogrammheft*, Irmgard Keun (1905–1982) mit dem *Kunstseidenen Mädchen;* Titel wie *Schicksale hinter Schreibmaschinen, Mädels vom Kontor, Ein Mädchen mit Prokura oder Das Mädchen an der Orga Privat* (eine Schreibmaschinenmarke) bezeugen die Faszination, die von diesen als androgyn empfundenen unabhängigen Frauen ausging.

Ort
Postfuhramt, Oranienburger Straße 35/36, 10117 Berlin

Verkehrsanbindung
S1, S2, S25, U6 Oranienburger Straße, Tram M1, M6, 12, 50 Oranienburger Tor, Bus 240

Quellen
Siegfried Kracauer: Die Angestellten, hg. von Inka Mülder-Bach, Frankfurt am Main 2004

Ursula Nienhaus: Vater Staat und seine Gehilfinnen. Die Politik mit der Frauenarbeit bei der deutschen Post 1864–1945, Frankfurt am Main 1995

mehr

Jutta Rosenkranz: Mascha Kaléko, dtv, München 2007; Irmgard Keun: Das kunstseidene Mädchen, 1932; Vicky Baum: Menschen im Hotel, 1929

Architektonische Kommunikation: Die Post grüßt per Kuppel die Synagoge.

Fußball

Deutschland ist Weltmeister! Jedenfalls bei den Frauen. Für die ist der Titel fast schon Routine. Gesellschaft und Verbände hinken da ein wenig hinterher. Noch 1989 fand der Deutsche Fußball-Bund (DFB) es angemessen, den Titel *Europameister der Frauen* mit einem Kaffeeservice zu prämieren. Ob er mit einer schönen Aussteuer den Heiratserfolg der Spielerinnen steigern wollte? Bei dem schlechten Ruf, den diese haben ...

Für den WM-Sieg 2007 gab es immerhin schon ein Preisgeld von 50 000 Euro pro Nase, nicht ganz die 250 000 Euro der potentiellen Siegprämie für die Männer, aber immerhin ein Ausstieg aus der Entlohnung mit Naturalien. Ökonomiehistorisch betrachtet ist damit der Abschied von der Fronwirtschaft gelungen. Die Forderung nach gleichem Lohn für gleiche Arbeit, dieser Klassiker der Frauenbewegung, ist damit allerdings noch nicht erfüllt. Hier gibt es noch Steigerungspotential.

Fußball und Männer gehören zusammen wie Baum und Borke. Die ersten Frauen, die sich im aufkommenden Arbeitersport Fußball versuchten, ernteten sofort Spott und Häme. Anders in den USA: Da gilt *Football* als der männliche Sport, so dass der europäische Fußball von den Männern nicht beansprucht und den Frauen überlassen wird. Trotz Gleichheitsgebot im Grundgesetz schaffte es die Männerwelt des Fußballs weiterhin, Frauen den Sport erst zu verunmöglichen und in den Fünfzigern schließlich sogar zu verbieten! Erst 1970 hob der DFB auf nationalen und internationalen Druck hin widerwillig das Verbot auf. Gespielt wurde trotzdem, aber eben *ohne* Anerkennung, Geld und Unterstützung. Über eine Million kickende Mädchen und Frauen sowie die Erfolge auf internationalem Parkett haben das Blatt langsam gewendet. Und seit 2010 gibt es sogar ein eigenständiges DFB-Pokal-Finale der Frauen. Es geht voran.

Ort
Fußballplatz „Am Fennpfuhl“,
Storkower Straße 209,
10369 Berlin

Verkehrsanbindung
S 41, 42, 8 Storkower Straße,
Bus 156, 240 Paul-Junius-Straße

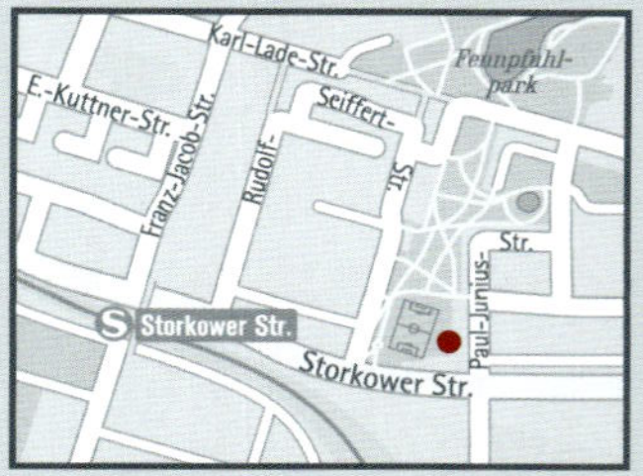

Quellen
www.fansoccer.de
www.berliner-fussball.de

mehr
Olympiastadion, Olympischer Platz 3, 14053 Berlin
Eduard Hoffmann und Jürgen Nendza: Verlacht, verboten und gefeiert. Zur Geschichte des Frauenfußballs in Deutschland, Verlag Landpresse, Weilerswist 2006

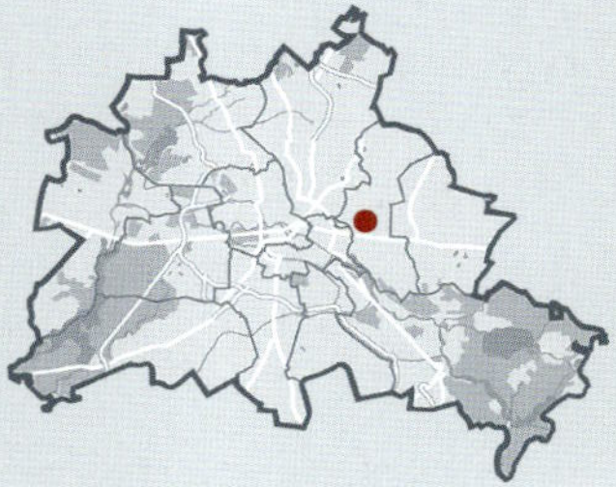

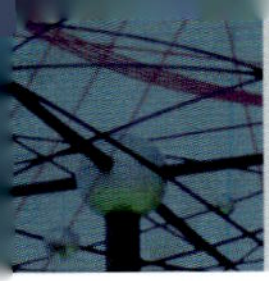

Goldrausch

Die Idee: Frauen investieren in Frauen. Das Symbol: die Perlentaucherin. Sie steht für den Mut der Frauen, ihren Weg zu gehen. Manchmal erfordert das nicht nur Beharrlichkeit und Kreativität, sondern auch finanzielle Unterstützung ...

Goldene Zeiten erträumten sich die Frauen von *Goldrausch:* garantiertes Grundeinkommen, bezahlte Arbeit und ökonomische Unabhängigkeit. Ein erster Schritt war das solidarische Netzwerk, das 1982 mit anonymen Spenden von insgesamt ungefähr 200 000 DM begann, Unternehmensgründungen von Frauen zu unterstützen. Im Ganzen wurden über die Jahre mehr als 450 Frauenunternehmungen mit zirka 800 000 Euro gefördert.

Kriterien für die Vergabe waren und sind: die ausschließliche Beschäftigung von Frauen im Unternehmen, keine sexistischen, rassistischen oder umweltschädlichen Aktivitäten, Berliner Firmensitz und Erschließung auch anderer Finanzierungsquellen. Über die Anträge wird in öffentlichen Sitzungen entschieden.

Die Rückzahlungsquote ist sehr hoch – dafür sorgen soziale Kontrolle und der Konsens aller Beteiligten, das gemeinsame Geld nicht zu verschleudern oder gar zu veruntreuen. Jährlich werden derzeit zirka 12 000 Euro Darlehen und 3000 Euro Zuschüsse vergeben. Die Verwaltung erfolgt vorwiegend ehrenamtlich. Über die Jahre hat sich die Arbeit professionalisiert, es gibt eine Vernetzung mit den inzwischen gegründeten weiteren Kleinkreditinitiativen sowie mit Expertinnen aus Politik und Wirtschaft, mit Gründungsinitiativen und Banken.

Weitere Projekte des Berliner Frauen-Goldrausches sind die Frauenzeitschrift *Blattgold* und das Arbeitsmarktprojekt *Goldnetz*. (➤ **AK Staatsknete**)

Ort
Goldrausch Frauennetzwerk e.V.,
Potsdamer Straße 139,
10783 Berlin

Verkehrsanbindung
U 2 Bülowstraße,
Bus M 48 U-Bahnhof Bülowstraße

Quelle
Birgit Daiber und Ricarda Buch: Risikoexistenz Frau. Zur Geschichte von Frauennetzwerken und Frauenbetrieben in Berlin, Inselpresse Lindwerder, Berlin 2007

mehr
www.goldrausch-ev.de

Goldrausch im Kleinen: Berliner Börse auf großem Fuß

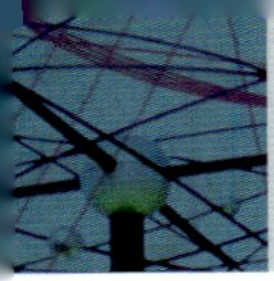

Männeken

Wer am Hausvogteiplatz aus der U-Bahn steigt, wird sogleich mit der Geschichte dieses Ortes konfrontiert: Eine Spiegelwand reflektiert neunzehn in die Stufen eingelassene Namensschilder von jüdischen Textilfabrikanten, die hier ansässig waren, bis die Nationalsozialisten sie vertrieben. Hier am Hausvogteiplatz schlug seit 1836 das Herz der Berliner Mode, ein bedeutender Exportfaktor der Stadt. (➛ **Trampeltiere**)

Das Naziregime zerschlug die hundertjährige Tradition des Modeschaffens an diesem Ort: Jüdische Konfektionshäuser wurden „arisiert“, ihre Besitzer emigrierten oder wurden verschleppt. Viertausend Menschen, die rund um den Hausvogteiplatz arbeiteten, wurden deportiert und ermordet.

Erst nach dem Fall der Mauer wurde Berlin wieder ein in Modedingen wirklich kreativer Ort, nun allerdings nicht mehr am Hausvogteiplatz. Dort steht mit dem Gebäude Hausvogteiplatz 3–4 (Haus am Bullenwinkel) aber noch einer der typischen Modeatelierbauten jener Zeit.

Die Aufbruchstimmung der neunziger Jahre und günstige Lebensbedingungen lockten viele Kreative in die Stadt. Inzwischen haben sich hier etwa achthundert Designerinnen und Designer niedergelassen. Zwar ist Paris immer noch eleganter, Mailand schicker und London weiterhin hip, doch mit dem sogenannten Berliner Stil, dessen Geheimnis darin besteht, keinen speziellen Stil zu haben, erobert Berlin sich seinen Ruf als internationale Modemetropole zurück.

Das bis zur Leblosigkeit stilisierte Model (➛ **Ideal**) von heute hat mit dem Männeken mehr gemein, als es auf den ersten Blick scheint. Schließlich war dieses, abgeleitet vom französischen *Mannequin*, das auf das niederländische *Manneken* zurückgeht, ursprünglich auch nur eine Gliederpuppe.

Ort

Hausvogteiplatz, 10117 Berlin

Verkehrsanbindung

U 2 Hausvogteiplatz

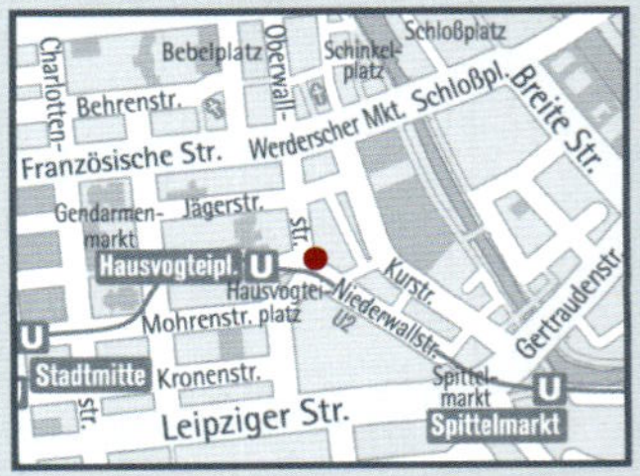

Quellen

Uwe Westphal: Berliner Konfektion und Mode 1836–1939. Die Zerstörung einer Tradition, Edition Hentrich, Berlin 1992

Eva Kosack, Ingrid Kuntzsch und Ilse Laatz-Krumnow: Jugendlexikon Kleider und Mode, Bibliographisches Institut Leipzig 1986

Katja Aschke (Hg.): Kleider machen viele Leute. Mode machen – aber wie?, Rowohlt, Reinbek 1989

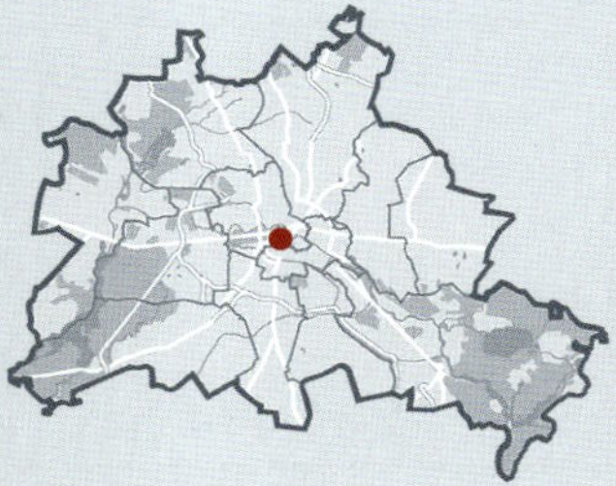

Die Spiegel sind leer. Die Mode sucht sich andere Orte.

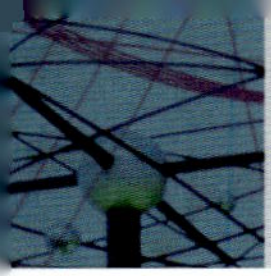

Milchmädchenrechnung

Sie lieferten die Milch und konnten selbst komplizierte Preise mit den Fingern berechnen, die Milchmädchen der Berliner Meierei Bolle. Trotzdem hat die Milchmädchenrechnung einen schlechten Ruf. Vielleicht wegen einer Fabel von Jean de La Fontaine: Lisettchen geht mit dem Milchkrug zum Markt und träumt davon, mit dem Erlös reich zu werden. Erst will sie Eier für eine Hühnerzucht kaufen. Der Verkauf der Hühner soll ein Schwein bringen. Das wiederum will sie für eine Kuh verkaufen. Zu einer stattlichen Herde wäre es dann nur noch ein kleiner Schritt. Ein freudiger Hüpfer, sie stolpert – und Krug, Milch und Pläne sind dahin.

Das mathematische Vorurteil ist beharrlich. Jungen können Mathe, Mädchen nicht. Punkt. Stimmt natürlich nicht. Erstens rechnen Kinder gleich gut, die Schere öffnet sich erst ab einem Alter von etwa fünfzehn Jahren. Zweitens rechnen Mädchen immer dann schlechter, wenn sie diese Erwartungshaltung hören oder spüren. Die ist dort am stärksten, wo Weiblichkeit und Mathe als unvereinbar gelten. Drittens zeigen Mädchen in anderen Kulturkreisen, vor allem im asiatischen Raum, gleiche Befähigungen. Matheschwäche ist also ein Produkt von Vorurteilen. Denen gilt es entgegenzuwirken.

Mathe öffnet auch die Türen zu spannenden Berufen. Zum *Girls' Day* laden Unternehmen, wie der Solarmodulhersteller Solon, Alba, Siemens und Berlin Chemie, Schülerinnen ein, sich Einblicke in technisch und naturwissenschaftlich ausgerichtete Tätigkeiten zu verschaffen. Auch die Initiative *MINT for you* will die Freude an Mathematik, Informatik, Naturwissenschaften und Technik wecken. Studentinnen und Dozentinnen an den Berliner Hochschulen bieten deshalb Schnupperkurse an, um Mädchen für das weite Feld naturwissenschaftlicher Berufe zu begeistern. Kluge Mädchen rechnen schnell: Das lohnt sich.

Ort

„Kopfbewegung", Skulptur von Josefine Günschel und Margund Smolka, Forumsplatz auf dem Campus Adlershof der Humboldt-Universität zu Berlin, Rudower Chaussee, 12489 Berlin

Verkehrsanbindung

S 45, 46, 8, 9 Adlershof

Quellen
www.mintzukunft.de
www.girls-day.de

mehr
www.planet-beruf.de
www.adlershof.hu-berlin.de/standort/koepfe

Mathe macht nicht nur Milchmädchen munter.

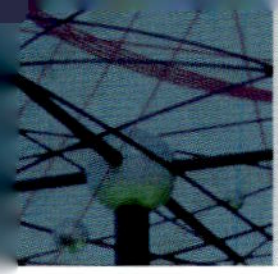

Raupe, Kobra, Akelei …

Was hat all diese Flora und Fauna mit Frauen zu tun? Die Gründerinnen des Vereins *Raupe und Schmetterling – Frauen in der Lebensmitte* verstehen den Namen als Programm. Schließlich symbolisiert die Verwandlung der Raupe zum Schmetterling die Möglichkeit einer Metamorphose, einer umfassenden, tiefgreifenden Veränderung, die viele Frauen in der Lebensmitte anstreben und zu verwirklichen suchen. Der Schmetterling hingegen gilt als Sinnbild der Freiheit, Leichtigkeit und Unbeschwertheit.

Darum geht es also. Frauen befreien sich von Zwängen, Lasten und Verpflichtungen. Sie wollen die ausgetretenen Pfade verlassen und suchen neue Wege: eine Umorientierung im Beruf, einen Wiedereinstieg, wollen die Selbständigkeit wagen, sich endlich einen beiseite gelegten Traum erfüllen, Beziehungen und Partnerschaften durchleuchten: Tut mir das gut? Sie planen ein Wohnprojekt oder erwägen ein Ehrenamt. Sie entlassen ihre Kinder in die Selbständigkeit und nehmen Abschied.

Es gibt wenige Modelle solcher Veränderungsprozesse für Frauen in unserer Kultur. Dort, wo Frauen einen neuen Anfang wagen, ihre Schwingen entfalten, sich häuten, entstehen wertvolle Ansätze für eine Kultur des selbstbewussten weiblichen Wandels. Die Modelle *Burn-out* und *Midlife-Crisis* sind jedenfalls nicht erstrebenswert.

Treffpunkte wie *Raupe und Schmetterling, Kobra* und *Akelei* geben Hilfestellungen, bieten Vernetzungen an und beraten in schwierigen Lebenssituationen. Katzen haben sieben Leben, Frauen nur eins. Aber ein langes …

Ort
Schmetterlingshaus der Naturschutzstation Malchow e.V., Dorfstraße 35, 13051 Berlin

Verkehrsanbindung
Bus 154, 259 Malchow / Dorfstraße

mehr

www.raupeundschmetterling.de
www.kobra-berlin.de
www.akelei-online.de
www.ucw-berlin.de
www.isi-ev.de
www.hafen-gruenderinnen.de
www.weiberwirtschaft.de

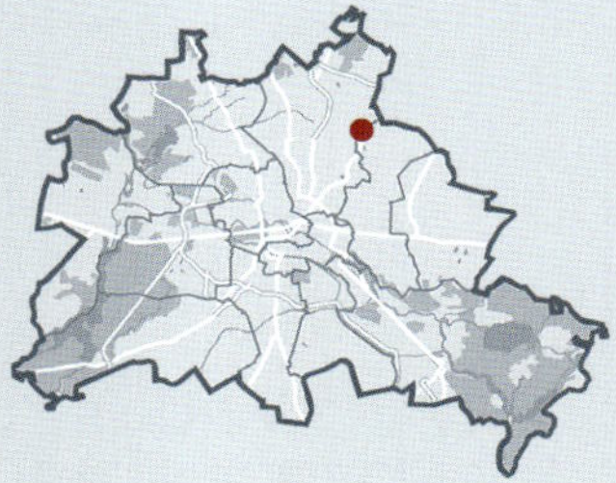

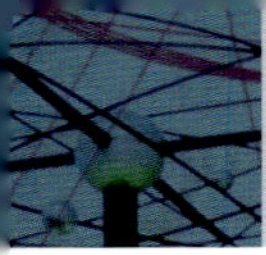

Ihre Dissertation schrieb sie 1908 über die Ursachen der ungleichen Entlohnung von Männer- und Frauenarbeit. Noch heute fordern Frauen am *Equal Pay Day* Lohngerechtigkeit. Doch als Alice Salomon (1872–1948) mit diesem Thema promovierte, waren weite Bereiche von Bildung und Arbeit für Frauen noch gänzlich verbotenes Terrain.

Sie selbst hatte als Tochter aus gutem Hause bereits eine quälende Zeit untätigen Wartens hinter sich. Lehrerin zu werden war ihr aus Standesgründen verwehrt. Mit sozialem Engagement im Rahmen der bürgerlichen Frauenbewegung eröffnete sie sich einen anderen Weg. Not war demnach nicht individuell verursacht, sondern Folge der scharfen Klassentrennung und Ausbeutung. (➛ **Suppenlina**) Aus diesem Geist heraus eröffneten bürgerliche Sozialreformerinnen Mägdeherbergen und einen Arbeiterinnenclub an der Jannowitzbrücke. Sie setzten sich für die materielle und psychische Unterstützung alleinerziehender Mütter ein. Sie kämpften gegen Kinderarbeit, die hohe Säuglingssterblichkeit, für bessere hygienische Bedingungen sowie für einen Zehnstundentag und Wöchnerinnenschutz.

Alice Salomon übernahm schon bald eine führende Rolle in der Frauenwohlfahrt. Beeinflusst vom englischen Ansatz der empirischen Sozialforschung, gründete sie 1908 im Bezirk Schöneberg die erste Schule für Sozialarbeiterinnen in Deutschland. Erst jetzt durften Frauen das Abitur machen und an bestimmten Schulen studieren. Mit der von ihr forcierten Professionalisierung der Sozialarbeit schuf Alice Salomon einen neuen Beruf und Arbeitsmarkt für Frauen, der allerdings bis heute eine Frauendomäne mit vergleichsweise niedrigem Status und schlechter Bezahlung ist. Seit 1991 trägt die Hochschule für Sozialarbeit und Sozialpädagogik, inzwischen in Marzahn-Hellersdorf angesiedelt, den Namen ihrer Gründerin.

Ort
Alice Salomon Hochschule,
Alice-Salomon-Platz 5,
12627 Berlin

Verkehrsanbindung
U 5 Hellersdorf

Quelle
www.ash-berlin.eu

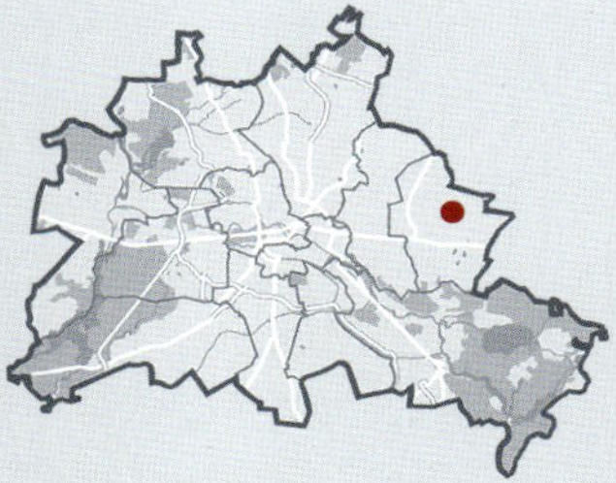

Sozialarbeit wird in Berlin inzwischen an drei Fachhochschulen gelehrt.

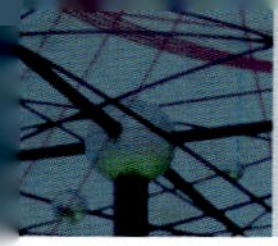

Steuerfrauen

Eine Frau am Steuer eines öffentlichen Nahverkehrsmittels, egal ob Doppeldeckerbus, Tram, U- oder S-Bahn, das ist in Berlin immer öfter zu sehen. Zwar sind die Frauen noch deutlich in der Minderheit (knapp neun Prozent), aber immer mehr Mädchen zeigen Interesse an einer Ausbildung bei den Berliner Verkehrsbetrieben.

1940 – die Männer waren im Krieg – hatten sich die Frauen schon einmal hinter die Steuer der Berliner Busse und Bahnen gesetzt. Die Nachkriegsjahre drehten diese Entwicklung allerdings wieder zurück. Als die Arbeit hinter dem Lenkrad wieder gut bezahlt wurde, saßen erneut fast ausschließlich Männer dahinter. Nur im Ostteil der Stadt, wo das Straßenbahnnetz nicht wie in den Westsektoren durch Busse ersetzt wurde, waren weibliche Straßenbahn- und U-Bahnfahrerinnen keine Seltenheit. In West-Berlin kam erst 1973 wieder eine Frau im Fahrdienst zum Einsatz.

Inzwischen gibt es bei der BVG 337 Bus-, Tram- und U-Bahnfahrerinnen. Als Ergebnis der engagierten Arbeit der Frauenvertreterinnen finden regelmäßig Frauenvollversammlungen statt. Ein Frauenförderplan wurde erarbeitet und das Recht auf Rückkehr an den alten Arbeitsplatz nach der Elternzeit festgeschrieben. Von den 897 Triebwagenführern der S-Bahn sind 61 weiblich. Beim „Steuern" der Berliner Verkehrsunternehmen ist die Weiblichkeit allerdings kaum dabei: Erst 2010 wurde eine Frau in den Vorstand der BVG und sogar als Vorstandsvorsitzende gewählt (Sigrid Nikutta). Bei der Geschäftsführung der S-Bahn sind hingegen bisher immer noch keine Frauen vertreten. Dabei wären doch auch in diesen Gremien vielfach gelobte weibliche Eigenschaften wie Umsicht und Konfliktfähigkeit ein Gewinn für die Führungsetagen und die Firmenpolitik.

Ort
U-Bahnhof Residenzstraße,
13409 Berlin

Verkehrsanbindung
U 8 Residenzstraße

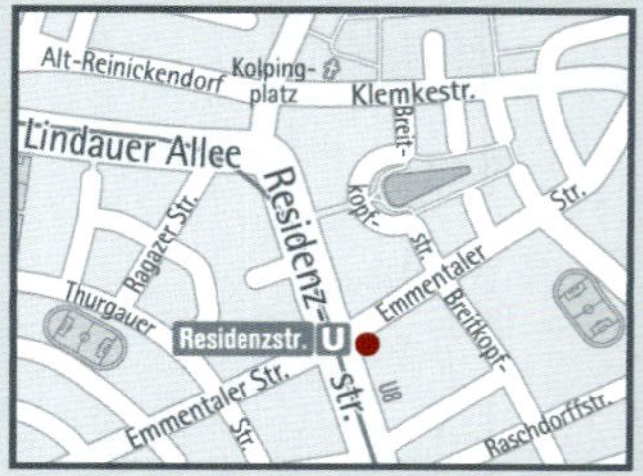

Quellen
www.bvg.de
www.verdi.de
DB Mobility Logistic AG

mehr
Tram selbst fahren! Fahrsimulator der BVG, Ausbildungszentrum, Siegfriedstraße 30–35, 10365 Berlin, Telefon (030) 25 63 03 33

Umsteuern im Aufsichtsrat steht auf dem frauenpolitischen Fahrplan.

Trampeltiere

Berlin hatte sich am Ende des 19. Jahrhundert zum Zentrum der deutschen Konfektion entwickelt. (➛ **Männeken**) Produziert wurde in Fabriken und in Heimarbeit. Die Heimarbeit war Frauensache und der am schlechtesten bezahlte Job in der Branche. Von ihrem geringen Verdienst mussten die Heimarbeiterinnen noch ihre Nähmaschine und das Nähgarn finanzieren. Zwölf und mehr Stunden saßen die Frauen, die im Berliner Jargon auch *Trampeltiere* genannt wurden, an ihren Nähmaschinen. Nebenbei hatten sie oft noch Kinder zu versorgen.

Eine von ihnen war Agnes Wabnitz. Sie kam 1870 nach Berlin und wurde Mantelnäherin in Heimarbeit, um nebenbei ihre Mutter pflegen zu können. Sie stammte aus einer ursprünglich wohlhabenden Familie, hatte eine gute Schulbildung erhalten, war politisch interessiert und entwickelte sich zu einer begnadeten Rednerin. Sie kannte die Probleme der Arbeiterinnen aus eigener Erfahrung, sprach aus, was die einfachen Menschen dachten, und ermunterte die Frauen, sich zu organisieren, um ihren Interessen und Problemen Gehör zu verschaffen. Mit Witz und Ironie bezog sie Stellung gegen Kirche und Obrigkeit. Das brachte ihr mehrere Gefängnis- und Geldstrafen ein. Durch ein Entmündigungsverfahren versuchte die Staatsanwaltschaft, der wachsenden Popularität von Agnes Wabnitz unter Arbeiterinnen und Arbeitern zu begegnen. Als sie am 28. August 1894 erneut eine Haftstrafe antreten sollte, nahm sie sich auf dem Friedhof der Märzgefallenen, einem symbolischen Ort, das Leben. Das Begräbnis der Agnes Wabnitz wurde zu einer politischen Demonstration, obwohl die Polizei den Leichenzug durch die Stadt verboten hatte. Mehr als 60 000 Menschen kamen, 630 Kränze wurden auf ihr Grab gelegt. Das waren 80 Kränze mehr als seinerzeit zu den Trauerfeierlichkeiten für Kaiser Wilhelm I.

Ort
Grabmal auf dem Friedhof der Freireligiösen Gemeinde,
Pappelallee 15 –17, 10437 Berlin

Verkehrsanbindung
U 2 Eberswalder Straße

Quellen

Claudia von Gélieu: Achtzig Kränze mehr als der Kaiser, in: Spuren-Suche. Frauen in Pankow, Prenzlauer Berg und Weißensee, hg. vom Bezirksamt Pankow von Berlin, Berlin 2006

mehr

Agnes-Wabnitz-Straße (seit 2000) im Entwicklungsgebiet Alter Schlachthof, 10249 Berlin, Nähe S-Bahnhof Landsberger Allee

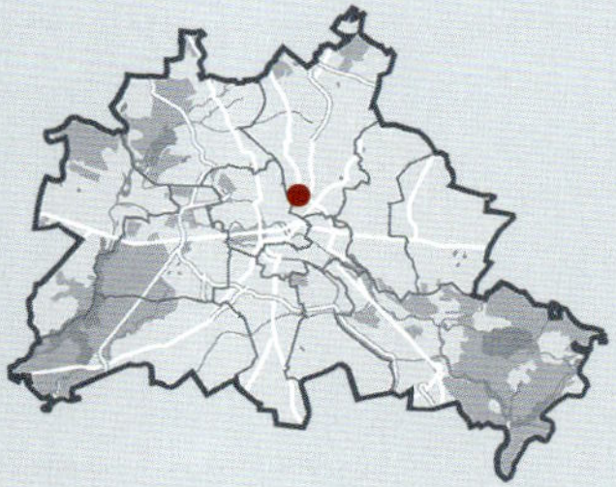

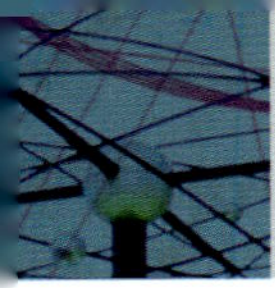

Waschweiber

Schwere Arbeit war das Wäschewaschen in früheren Zeiten. Die sprichwörtlich gewordenen Waschweiber hatten ihre Domäne vor allem in Köpenick, wo das weiche Wasser von Spree und Dahme zum Wäschewaschen gut geeignet war und die Wiesenflächen sich zum Bleichen und Trocknen in Sonne und Wind anboten. (➛ **jwd**)

Henriette Lustig war eine dieser Waschfrauen, und sie brachte es mit dem Waschen von Bett-, Haushalts- und Leibwäsche sogar zur ersten weiblichen Unternehmerin in Köpenick. 1835 erhielt Mutter Lustig, wie sie genannt wurde, die Erlaubnis zum Betrieb einer Lohnwäscherei. Ihr Wohnhaus steht noch heute am Alten Markt Nr. 4.

Köpenick, und insbesondere der Ortsteil Spindlersfeld, sollten noch mehr als 150 Jahre die Waschküche Berlins bleiben. Im Volkseigenen Betrieb Rewatex wurde gewaschen und gemangelt, gereinigt und gebügelt. Die Arbeit zwischen lärmenden Waschtrommeln, riesigen Heißmangeln und in Dampf und Hitze war kräftezehrend, der Beruf der Textilreinigungsfacharbeiterin beileibe kein Traumjob. So kamen bei Rewatex auch immer wieder Insassen der Ost-Berliner Frauengefängnisse zum Einsatz. (➛ **Grüne Minna**)

In den Rewatex-Stützpunkten konnte schmutzige Wäsche abgegeben und einige Tage später als sauberer Packen wieder abgeholt werden. So auch in den beliebten *Komplexannahmestellen* in den Neubaugebieten (wirkliche Komplexe wurde man hier allerdings nicht los). Der anfänglich eingeführte Haustürservice wurde leider bald wieder abgeschafft. Der wachsende Markt für haushaltsnahe Dienstleistungen greift diese schöne Idee vielleicht ja wieder auf. Rewatex selbst ist heute eine zum Teil unter Denkmalschutz stehende Industrieruine.

Ort

Skulptur „Die Wäscherin" am Frauentog, einer kleinen Bucht zwischen Schlossinsel Köpenick und Kietz gelegen

Verkehrsanbindung

Bus 167, Tram 61, 62, 67

Schlossplatz Köpenick

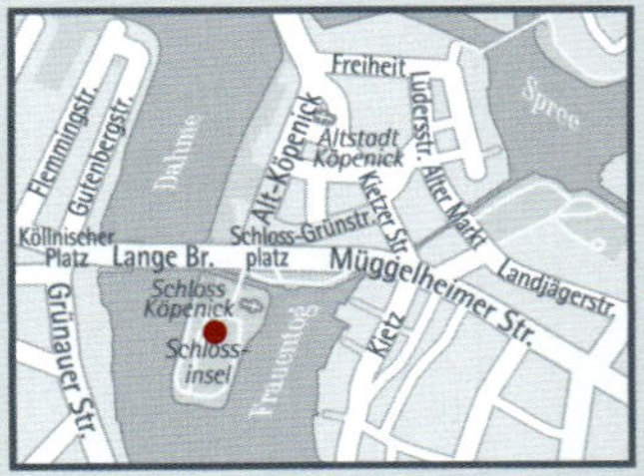

Quelle
Heimatverein Köpenick e.V. (Hg.): Von Copnic nach Köpenick. Ein Gang durch 800 Jahre Geschichte, trafoverlag, Berlin 2009

mehr
„Wäscherinnen", DEFA-Dokumentarfilm von Jürgen Böttcher, DDR 1972

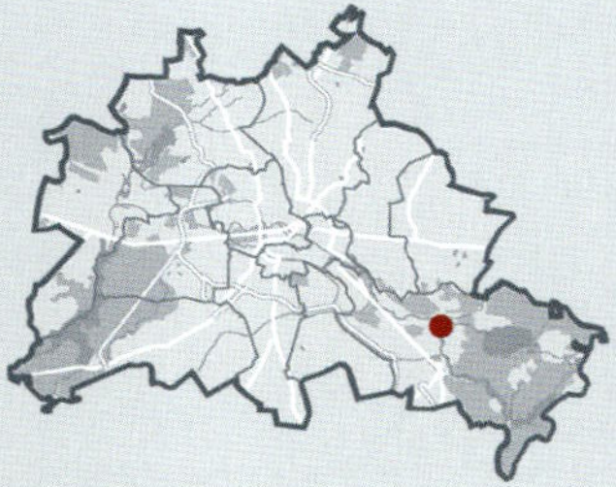

Weiberwirtschaft

Frauen schaffen sich und anderen Frauen Arbeitsplätze, sie sind Existenzgründerinnen und Unternehmerinnen. Frauenunternehmen sind stabiler als männlich geführte, weil Frauen weniger riskant wirtschaften. Wirtschafts- und arbeitsmarktpolitisch sehr sinnvoll, werden von Frauen geführte Unternehmen in Berlin immer häufiger. (➛ **Goldrausch**)

Gemeinsam statt einsam – eine Nachbarschaft verschiedener Frauenbetriebe, die nicht nur moralisch, sondern auch geschäftlich voneinander profitieren, scheint der Weg zu sein, den Frauen suchen. Angesiedelt auf 5500 Quadratmetern für 50 Unternehmerinnen in guter Berliner Citylage, ist die WeiberWirtschaft mit Geschäften, Handwerkerinnen und Restaurants seit 1994 das erste, größte und aufwendigste Gründerinnenzentrum in Deutschland. Kleinere Zentren folgten in Neukölln, Friedrichshain-Kreuzberg und Marzahn-Hellersdorf. Seit 2005 hat Berlin sein zweitgrößtes Gründerinnenzentrum mit zirka 3000 Quadratmetern für 44 Unternehmerinnen: das UCW – Unternehmerinnen- und Gründerinnenzentrum Charlottenburg-Wilmersdorf.

Ort

Unternehmerinnen- und Gründerinnenzentrum Charlottenburg-Wilmersdorf (UCW),
Sigmaringer Straße 1, 10713 Berlin

Verkehrsanbindung

U 7 Blissestraße, Bus 101, 104, 249
U-Bahnhof Blissestraße

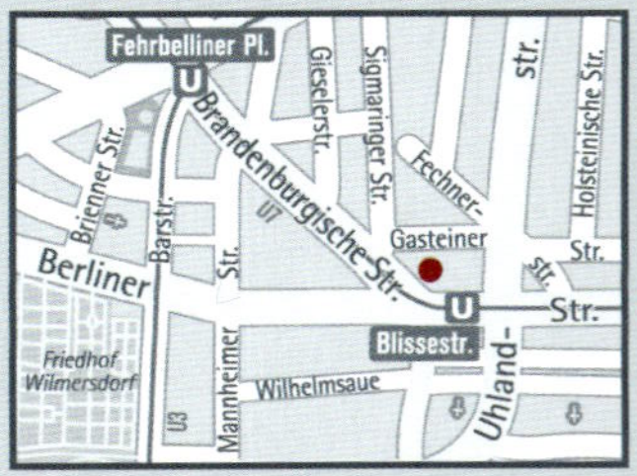

mehr
www.ucw-berlin.de
Frauenwirtschaftszentrum
Neukölln im Kindl-Boulevard,
Hermannstraße 214 – 216,
12049 Berlin
www.hafen-gruenderinnen.de
www.frauennetzwerkkreuzberg.de
www.weiberwirtschaft.de

Korsett Engelke
Miseren
K. Bayerischer Hof-Photograph

Armenbuch

Dass Berlin arm, aber sexy sei, gilt heute als Werbung für die Stadt. Dass die Sexyness der Armut oftmals nichts als Ausbeutung im Sexbusiness bedeutet, ist das eine. (➛ Rotlicht) Das andere ist die lange Geschichte von Armutsbekämpfung in der Stadt. Eine der vielen Frauen, die sich in der Vergangenheit für die Armen und Schwachen Berlins engagierten, war Bettina von Arnim, geborene Brentano (1785–1859).

Das öffentliche Gedächtnis (➛ Clio) kennt Bettina vor allem als Schriftstellerin der Romantik, als Schwester und Gattin berühmter Romantiker und als koboldhaftes Kindwesen. Dabei war sie einer der klügsten politischen Köpfe ihrer Zeit. In ihrer 1843 erschienenen Publikation *Das Buch gehört dem König* schilderte sie voller Leidenschaft und in deutlicher Sprache das Elend der Menschen in den Armenvierteln der Stadt. Um die Zensur zu umgehen, unternahm sie den äußerst klugen Schachzug, dieses Buch dem Monarchen Friedrich Wilhelm IV. persönlich zuzueignen. Ob der polnische Freiheitskampf, die Abschaffung der Todesstrafe oder die Emanzipation von Juden und Frauen – Bettina bezog mit ihren Schriften auch in den restaurativen Jahren nach 1848 Stellung. Nach von Arnims Tod musste sie zudem hart für den Erhalt des Gutes und den Unterhalt der vielköpfigen Familie arbeiten.

Armut ist in Berlin wieder und immer noch ein aktuelles Thema. Vor allem viele alleinerziehende Frauen und ihre Kinder leben am Rande des Existenzminimums. Wie in feudalen Zeiten sind sie auf Suppenküchen und Lebensmittelspenden angewiesen. Auch die medizinische Versorgung vieler obdachloser oder illegal lebender Menschen liegt in den Händen ehrenamtlich arbeitender Frauen. Sie alle wissen, dass neben der karitativen Hilfe politisches Umsteuern zur nachhaltigen Bekämpfung der Armut vonnöten ist.

Ort
Gesundheitszentrum
für Obdachlose,
Jenny De la Torre Stiftung,
Pflugstraße 12, 10115 Berlin

Verkehrsanbindung
U 6, Tram M 8 Schwartzkopffstraße, Tram M 6 Pflugstraße

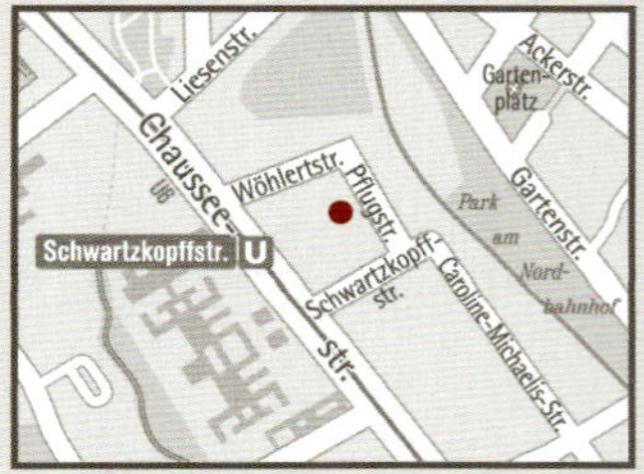

Quelle
Anita Sachse: Bettina von Arnim, in: SpurenSuche. Frauen in Pankow, hg. vom Bezirksamt Pankow von Berlin, Berlin 2006

mehr
Ursula Püschel: Bettina von Arnim – politisch. Erkundungen, Entdeckungen, Erkenntnisse, Aisthesis Verlag, Bielefeld 2005

Armutsbekämpfung braucht einen langen Atem.

Außerhalb

Kein Ort ohne ein Außerhalb. Ein *Außerhalb*, wohin Verdrängtes und Ausgesondertes geschafft wird. Ein Ort wie Ravensbrück.

Als Ort ist Ravensbrück ein kleines Dorf inmitten einer idyllischen Seenlandschaft weit im Norden von Berlin. Als *Außerhalb* ist Ravensbrück das 1939 errichtete Frauenkonzentrationslager. Ein *Außerhalb* für Frauen, die gemäß der nationalsozialistischen Rassen- und Reinheitsideologie vernichtet gehörten. Und für Frauen, die sich der nationalsozialistischen Ideologie widersetzten und an humane Ideale glaubten. Ein grausames *Außerhalb* der arischen Volksgemeinschaft.

Für die etwa 132 000 inhaftierten Frauen und Kinder, 20 000 Männer und 1000 weiblichen Jugendlichen ist Ravensbrück kein *Außerhalb*, sondern ein Leidensort, wo sie um ihr Überleben kämpften, wo Zehntausende an Hunger, Krankheiten, Folter und medizinischen Experimenten starben.

Für die Firma Siemens & Halske und für die Firmen in weiteren vierzig Außenlagern war Ravensbrück kein *Außerhalb*, sondern ein lukrativer Produktionsort mit billigen Arbeitskräften.

Seit 1945 ist Ravensbrück ein Ort der Erinnerung. Und ein *Außerhalb* der Erinnerung. Ein Ort für die Erinnerung an heldenhafte Kommunistinnen. Ein *Außerhalb* für die Erinnerung an politisch und sozial unliebsame Opfer. Ein Ort für das Gedenken. Ein *Außerhalb* im Gedächtnis der Region. Ein Ort für verwahrloste Bauten und die Nutzung von KZ-Gebäuden als Kaserne. Im gerade wiedervereinigten Deutschland der Ort für einen geplanten Supermarkt. Aber auch ein Ort für Reflexion und Rekonstruktion von Erinnerungen. Ein *Außerhalb* im Bedeutungsranking der Erinnerung. Kein Ort als „Konzentrationslager der Reichshauptstadt", wie es neuerdings von Sachsenhausen heißt. Ein Ort der Frauen eben doch, Ort und *Außerhalb* zugleich.

Ort

Topographie des Terrors,
Niederkirchnerstraße 8,
10117 Berlin

Verkehrsanbindung

S- und U-Bahn, Bus 200 Potsdamer Platz, S 1, 2, 25 Anhalter Bahnhof

mehr
www.topographie.de
Mahn- und Gedenkstätte Ravensbrück, Stiftung Brandenburgische Gedenkstätten, Straße der Nationen, 16798 Fürstenberg
www.ravensbrueck.de
„Die Frauen von Ravensbrück. Das Videoarchiv", Loretta Walz Biografische Dokumentationen, Düsseldorf 2009

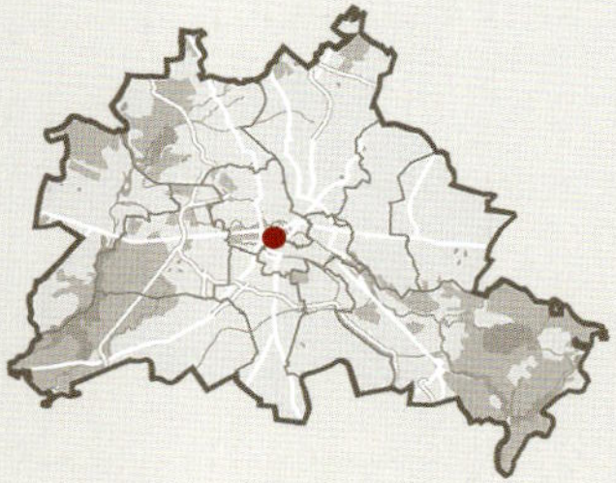

Furien

Die bürgerliche Öffentlichkeit Berlins war entsetzt und befremdet über das Verhalten der ausgehungerten und wütenden Frauen, die am 21. April 1847 die Kartoffelstände stürmten und im weiteren Verlauf auch Fleischer- und Bäckerläden plünderten. Die *Furien*, wie die Presse die Verzweifelten nannte, waren Frauen aus den ärmsten Bevölkerungsschichten, die nicht mehr wussten, wie sie ihre Kinder und Familien satt bekommen sollten.

Infolge einer Missernte im Jahr 1846 waren die Preise für Lebensmittel, insbesondere für Kartoffeln und Brot, um das Fünffache gestiegen. Zu den Preissteigerungen kam eine Wirtschaftskrise in der Textilindustrie. Hier verdienten vor allem Frauen ihren Unterhalt. Kurzarbeit und Arbeitslosigkeit waren die Folgen. Ein langer strenger Winter trug zur weiteren Verschlechterung der Lage vieler Menschen bei. Not und Elend erreichten ein bis dahin nicht gekanntes Ausmaß.

Eine erneute Erhöhung der Kartoffelpreise brachte das Fass schließlich zum Überlaufen. Bis zum Mittag des 21. April 1847 breiteten sich die Unruhen vom Molken- und Gendarmenmarkt auf andere Märkte am Dönhoffplatz, am Rosenthaler Platz und am Oranienburger Tor aus. In den Abendstunden nahm der Menschenauflauf weiter zu; Rufe nach Revolution und Rücktritt des Königs wurden laut. Ein Großaufgebot an Polizei und Militär brauchte drei Tage, um die Unruhen niederzuschlagen.

Der durch bitterste Not hervorgerufene spontane Aufruhr der Frauen kündigte, einem Wetterleuchten gleich, die revolutionären Ereignisse des März 1848 an.

Ort

Gendarmenmarkt, 10117 Berlin

Verkehrsanbindung

S 1, 2, 25, U 55 Brandenburger Tor, U 2 Stadtmitte, U 6 Französische Straße

Quellen

Cornelia Carstens, Margret Luikenga und Stephanie von Ow: Immer den Frauen nach! hg. vom Berliner Geschichtswerkstatt e. V., Berlin 1993

Roland Bauer: Berlin. Illustrierte Chronik bis 1870, Dietz Verlag, Berlin 1988

Gendarmen knüppelten die Verzweifelten nieder.

Grüne Minna

1866 wurde bei der Berliner Polizei die Grüne Minna, grüne Pferdefuhrwerke mit Luftschlitzen, für den Gefangenentransport eingeführt. Der Volksmund vermutete wohl, dass die Gefangenen im Knast *zur Minna*, das heißt fertiggemacht wurden. (Verweiblichung war ja ein probates Mittel der Herabsetzung.) Doch auch Frauen kamen in die Grüne Minna. 1863/64 wurde das Königlich-Preußische Weibergefängnis errichtet; zu den Häftlingen gehörte später auch Rosa Luxemburg. (➛ Freiheit) Zwischen 1933 und 1945 waren hier mehr als 300 Frauen inhaftiert, bevor sie in Plötzensee ermordet wurden. (➛ Nonnen).

Nur vier Prozent der Inhaftierten in Berlin sind Frauen. Auch hinter Gittern müssen Frauen um Gleichbehandlung kämpfen. So hat die geringe Anzahl spezieller Frauengefängnisse zur Folge, dass weibliche Gefangene häufiger als Männer heimatfern eingesperrt werden und damit seltener Besuch von Angehörigen bekommen. Vom Berliner Haftrabatt, eingeführt wegen überbelegter Gefängnisse, profitieren Frauen auch nicht: Eigentlich zu Geldstrafen verurteilte Häftlinge werden nach der Hälfte der Zeit entlassen. Mangels Straftäterinnen gibt es keine überfüllten Frauenknäste, ergo keinen Rabatt.

Dass Frauen nur selten Straftaten begehen, hat im Knast nur Nachteile. So gibt es nur in Berlin, Hamburg und Frankfurt am Main organisatorisch und räumlich selbständige Anstalten. Ansonsten sind sie Anhängsel von Männergefängnissen, was bedeutet, dass die Frauen mit Kochen, Waschen und Flicken beschäftigt werden und keine Qualifizierungsangebote bekommen. Immerhin ist die Frauenhaftanstalt in Berlin dazu übergegangen, neben der Arbeit in der Schneiderei und der Gärtnerei auch Computerkurse anzubieten.

Ort

Frauenvollzugsanstalt Pankow,
Arkonastraße 56, 13189 Berlin

Verkehrsanbindung

U 2 Pankow

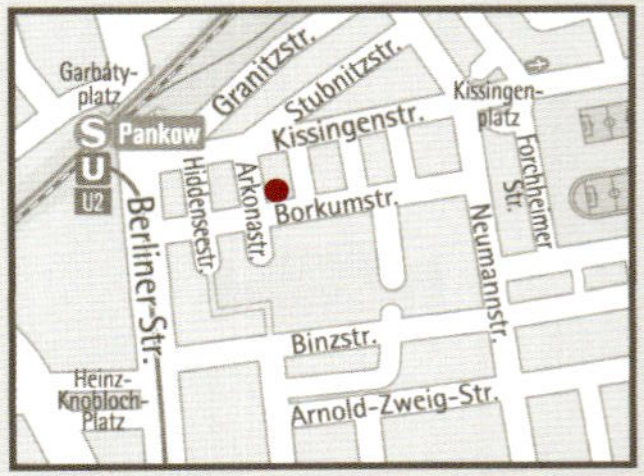

Quelle
www.luise-berlin.de

mehr
Gedenktafel für das
Berliner Frauengefängnis,
Barnimstraße 10, 10249 Berlin

Gleichstellung auch hinter Gittern ist geboten.

Guter Hoffnung

„Selten sucht die werdende Mutter schon zu Begin der Schwangerschaft den Arzt auf, und sie tut gut daran, denn sie ist ja nicht krank“, erklärt ein alter Ratgeber, schließlich genüge es, vier Wochen vor dem vermuteten Geburtstermin den Arzt zu Rate zu ziehen. Gute Hoffnung musste reichen.

Gegen die Entmündigung der Frauen in der Medizin setzte die Frauenbewegung historisch das Recht auf Selbstbestimmung. Vor dem Hintergrund selbstbestimmter Entscheidungspflicht wird die Frau heute jedoch zur Risikomanagerin ihrer Schwangerschaft. Die Vorstellung, ein Kind einfach im Sinne des zitierten alten Ratgebers zu *erwarten*, gilt heute wahrscheinlich als verantwortungslos, auf alle Fälle als leichtsinnig.

Drei Viertel aller Schwangerschaften werden mittlerweile als Risikoschwangerschaften behandelt. Die Flut der Ratgeber ist unüberschaubar. Soll die Schwangere auf Kaffee und Rohmilchkäse verzichten? Färbt sie sich vorsichtshalber nicht die Haare? Und so fort. Kompliziert wird es, wenn es um die vielen vorgeburtlichen Untersuchungen geht. Was ist mit dem Risiko einer Fehlgeburt? Was, wenn die pränatalen Testergebnisse nicht den statistischen Normwerten entsprechen? Wie auf der Grundlage von statistischen Werten, Wahrscheinlichkeitsberechnungen und Risikokalkulationen noch eigenverantwortlich und selbstbestimmt über Abbruch oder Fortsetzung der Schwangerschaft entscheiden? Eine konkrete Auskunft geben diese Berechnungen ja nicht, Überforderung ist die Folge. Keine will die alten Zustände wieder, doch angesichts der medizinisch-technischen Möglichkeiten und der wachsenden Medikalisierung von Schwangerschaft und Geburt sind Selbstvertrauen, Zuspruch und Beistand ganz wesentlich für die Schwangere, um einfach guter Hoffnung zu sein. (➛ **Geburtshaus**)

Ort

Charité, Campus Mitte, zwischen Robert-Koch-Platz, Luisen- und Schumannstraße, 10117 Berlin

Verkehrsanbindung

U 6 Zinnowitzer Straße,
Bus 240 Robert-Koch-Platz,
Bus 147 Luisenstraße / Charité

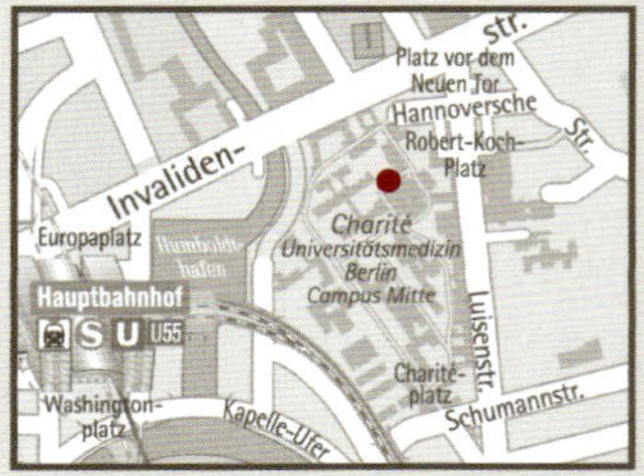

Quelle
Arbeitskreis Frauengesundheit, www.akf-info.de

mehr
Silja Samerski: Die verrechnete Hoffnung. Von der selbstbestimmten Entscheidung durch genetische Beratung, Münster 2002

Bei aller Diagnostik: Hoffnung muss sein.

Mauer

Die einen nannten sie den *Antifaschistischen Schutzwall*, für die anderen war sie der *Eiserne Vorhang*. Sie trennte vom 13. August 1961 bis zum 9. November 1989 die Stadt Berlin. Sie trennte Familien, Freundinnen und Freunde. Sie war eine martialisch aufgerüstete Grenze, die viele Flüchtlinge das Leben kostete.

Sie produzierte getrennte Wahrnehmungen in Ost und West. Bilder und Vorstellungen über die jeweils andere Seite entwickelten ihr Eigenleben. Als sich Frauen aus Ost und West nach dem Mauerfall begegneten, sahen sie zunächst die Zerrbilder in ihren Köpfen. Da waren die kinderlosen, gegen Männer kämpfenden Emanzen, die aus jedem weiblichen Facharbeiter eine Facharbeiterin machen wollten, und daneben die fremd gewordene Spezies der hausfraulichen Ehegattin auf der einen Seite. Auf der anderen Seite die berufstätige und tüchtige, der Männerherrschaft gegenüber jedoch völlig blinde DDR-Frau mit ihrem Schatten, der unbedarften Ostmutti. Das hatte mit Realität insofern zu tun, als die Quote der berufstätigen Frauen im Osten hoch, im Westen deutlich niedriger war; und dass es im Westen eine breite Frauenbewegung gab, im Osten staatlich sanktionierte Gleichberechtigung. Obwohl die Biographien und Lebensentwürfe nach wie vor sehr unterschiedlich sind, haben sich die frauenpolitischen Vorstellungen schnell angenähert: Mehr Frauen in Führungspositionen, eigenständige Existenzsicherung, die Bekämpfung von Gewalt gegen Frauen, ausreichende Kinderbetreuung und selbstbestimmte Schwangerschaft (➛ Cyankali) stehen bundesweit auf der Agenda. Hätten Frauen die deutsch-deutsche Vereinigung gemanagt, wären wir da schon deutlich weiter.

Ort
Gedenkstätte Mauerwachturm
am Spandauer Schifffahrtskanal
(ehemalige Führungsstelle
Kieler Eck),
Kieler Straße 2, 10115 Berlin

Verkehrsanbindung
U 6 Zinnowitzer Straße oder
Schwartzkopffstraße

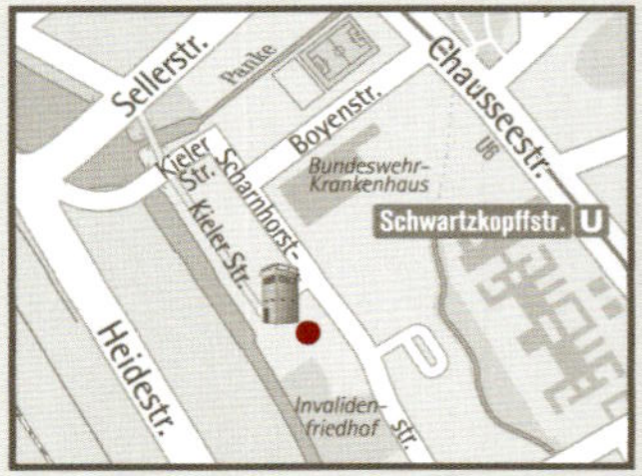

mehr

www.berliner-mauer-dokumentationszentrum.de

www.eastsidegallery.com

Ein Staat ohne Mauer ist wie ein Fisch ohne Fahrrad.

Nesthäkchen

Mit blonden Zöpfchen und blauen Augen springt die kleine, fröhliche Annemarie durch die kindlichen Vorstellungswelten von Generationen deutscher Mädchen und Frauen. Das Nesthäkchen, Prototyp der ausschließlich in Deutschland erfolgreichen Backfischliteratur des frühen 20. Jahrhunderts, erreichte mit zehn Bänden zwischen 1918 und 1925 und stolzen erzählten siebzig Lebensjahren der Protagonistin ein nach Millionen zählendes Publikum. Noch heute kennen weit über die Hälfte der in Deutschland aufgewachsenen Frauen die Nesthäkchen-Bücher.

Das Nesthäkchen ist ein glückliches Kind, es wächst in der Idylle einer bürgerlichen Arztfamilie im zeitlos geschilderten Berlin der Kaiserzeit auf. Das Patriarchat regiert gütig und liebevoll in diesen Romanen, das konservative Bürgertum zeigt sich in seiner Lieblingsrolle als Bewahrer von Werten, Kultur und Lebensart. Der jüdische Hintergrund der assimilierten Familie verschwindet zwischen Weihnachtsbäumen, Ostereiern und Kinderfesten mit religiösen Restspuren. Diese Idylle basiert auf Geschlechterrollen, deren Erlernen die Romane erzählen. Was Mädchen tun und lernen dürfen, und was nicht, wie sich Tüchtigkeit und Selbstaufgabe miteinander verbinden lassen und dass der Horizont noch des wildesten Mädchens der Ehehafen ist – das wird begeisternd und voller Freundlichkeit erzählt.

Dass zur gleichen Zeit die Frauenbewegungen um Bildung, Wahlrecht und Berufstätigkeit für Frauen kämpften, findet seinen zarten Nachhall in der Integration aller dahingehenden weiblichen Impulse in die Aufrechterhaltung der patriarchalen Familie. Medizinstudium? Ja, um dem Papá in der Praxis zu helfen, und später dem Gatten. Eine Gesangskarriere? Ja, aber nur bis zur Hochzeit. Weiblicher Verstand? Ja, aber das Familienoberhaupt hat selbstredend das letzte Wort. Während deutsche Konservative dieser Idylle bis heute nachweinen, musste die Erfolgsautorin

Ort

Else-Ury-Jugendbibliothek,
Glogauer Straße 13, 10999 Berlin

Verkehrsanbindung

Bus M 29 Glogauer / Reichenberger Straße

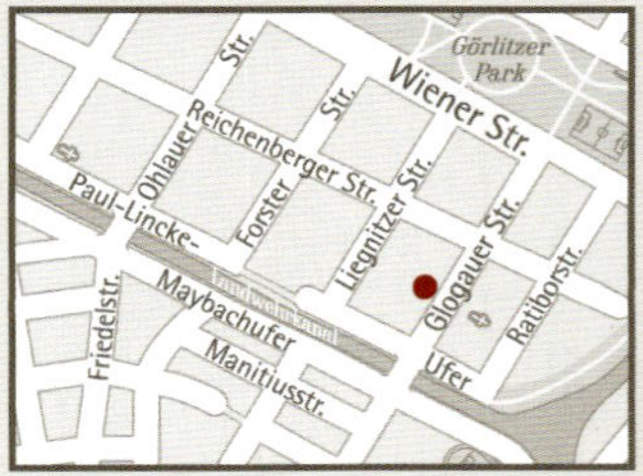

Im tiefsten Kreuzberg – Else Ury multikulturell

des Nesthäkchens, die Berliner Schriftstellerin Else Ury, bis zum bitteren Ende erfahren, wie sich die von ihr so hochgehaltenen Werte des Konservatismus, des Nationalismus und des Patriotismus ins Verbrecherische wendeten. Auf das konservative Frauenbild ihrer Romane mochte auch das nationalsozialistische Deutschland nicht verzichten. Auf die Autorin schon. Ungeachtet des andauernden Erfolges ihrer Bücher durfte sie nach 1933 nicht mehr publizieren, ihre Einkünfte und Besitztümer wurden enteignet, die Staatsbürgerschaft wurde ihr entzogen. Über 2000 Gesetze und Verordnungen zur Verfolgung, Demütigung und Enteignung, erdacht in den Amtsstuben, Juristenvereinigungen und Ärztekammern des von ihr so hochgeschätzten nationalkonservativen Bürgertums, mussten sie und ihre jüdischen Leidensgenossinnen und -genossen ertragen.

Im Januar 1943 wurde Else Ury von der Sammelstelle in der Großen Hamburger Straße 26 aus nach Auschwitz deportiert und dort sofort in der Gaskammer ermordet. Sie war 65 Jahre alt. Ihr Koffer wurde 1995 in der Gedenkstätte Auschwitz gefunden. Ein Band *Nesthäkchen in Auschwitz* ist nie erschienen.

mehr

Gedenktafel Kantstraße 30, 10623 Berlin (hier lebte Else Ury von 1905 bis 1932)

Jüdischer Friedhof Weißensee, Herbert-Baum-Straße 45, 13088 Berlin

Else-Ury-Bogen (1999 wurde die Passage zwischen Bleibtreu- und Knesebeckstraße nach Else Ury benannt)

Marianne Brentzel: „Mir kann doch nichts geschehen ...“ Das Leben der Nesthäkchen-Autorin Else Ury, Edition Ebersbach, Berlin 2007

Jüdisches Museum, Lindenstraße 9–14, 10969 Berlin

Gabriele Beyerlein: In Berlin vielleicht, Thienemann, Stuttgart 2005

Gabriele Beyerlein: Berlin, Bülowstraße 80 a, Thienemann, Stuttgart 2007

Gabriele Beyerlein: Es war in Berlin, Thienemann, Stuttgart 2009 (ein spannendes Jugendbuch über Lebensbedingungen und Emanzipationsbestrebungen von Dienstmädchen, Bürgertöchtern und Frauen des Adels im Kaiserreich)

Perlen & Putzfrauen

Eine Berlinerin dient nicht, hieß es in der Zeit um 1870. Da suchte sich die Berliner Hausfrau lieber ein junges Mädchen vom Lande oder aus der Provinz: unerfahren, bescheiden, kargen Lohn und schwere Arbeit gewohnt.

Als Berlin zur Reichshauptstadt geworden war und in rasantem Tempo wuchs, kamen die jungen Frauen vor allem aus den östlichen Provinzen nach Berlin, um dem Landleben als Magd zu entfliehen, bis zu 40 000 im Jahr. Diese Zeit hat in den vielen Altbauten der Stadt Spuren hinterlassen. Separate Dienstbotenaufgänge, Mägdekammern und die berüchtigten Hängeböden, die den Mädchen als Schlafplatz dienten, legen Zeugnis ab vom Verschwinden der dienstbaren Geister inmitten des bürgerlichen Haushalts. Harte Arbeit, kaum Ausgang, schlechtes Essen, wenig Schlaf, zudem den Launen der Hausfrau und oftmals den Gelüsten des Hausherrn ausgesetzt, wechselten die Dienstbotinnen oft die Stelle. Im Gesindedienstbuch notierte der Dienstherr Arbeitsfleiß und Verhalten und bestimmte damit über die zukünftigen Arbeitschancen. Eine eigene Familie erschien als erstrebenswertes Los, auch wenn Armut und viele Kinder die Regel waren.

Legendär sind die Kupplerinnen, welche die naiven Frauen vom Lande schon am Bahnhof abfingen und in die Prostitution vermittelten. (➛ **Suppenlina**) Doppelmoral und die Ausweglosigkeit der Mädchen sorgten für blühende Geschäfte der Zuhälter. (➛ **Rotlicht**)

Das Währungsgefälle zu Osteuropa versorgt Berlin inzwischen wieder mit günstigem Haushaltspersonal. Viele von ihnen arbeiten illegal oder im Niedriglohnbereich und haben zumeist keinerlei Versicherungsschutz. Zumindest können die meisten von ihnen nach getaner Arbeit die Tür von außen zuschlagen und in ihre eigene Wohnung zurückkehren.

Ort
Heimatmuseum Pankow,
Heynstraße 8, 13187 Berlin

Verkehrsanbindung
U 2, S 2, 8 Pankow,
Bus 250 Görschstraße

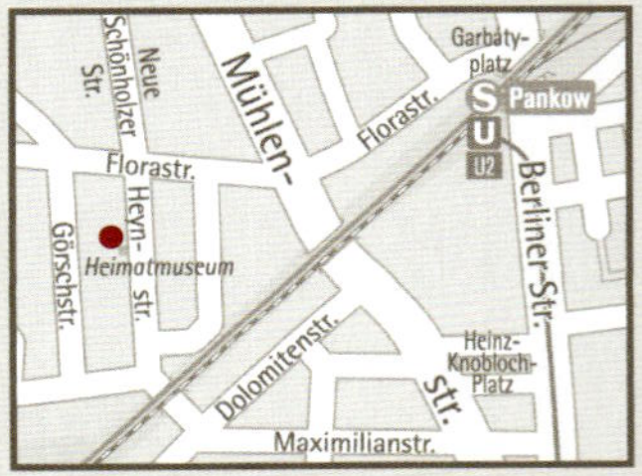

Quellen

Dietlinde Peters: Drei schlesische Dienstmädchen in Berlin, in: Ausstellungskatalog „Wach auf, mein Herz, und denke". Zur Geschichte der Beziehungen zwischen Schlesien und Berlin-Brandenburg, Berlin/Opole 1995

www.expolis.de

Raus …

Deutsche Sonderwegstheorien beflügeln gern die historischen Großentwürfe deutscher Gelehrter. Dabei geht leider oft ein kleines Pflänzchen unter: die bescheidenen, aber hartnäckigen Versuche, bei den letzten Schritten auf dem unaufhaltsamen Weg zur Demokratie das weibliche Wesen aus dem Definitionsbereich des zur Teilhabe am demokratischen Geschehen berechtigten Staatsbürgers herauszuhalten. Wie lange hatten sich deutscher Adel und deutsches Bürgertum, deutsches Wesen und deutsche Kultur und, nicht zu vergessen, die deutsche Gendarmerie gegen alles Demokratische und damit alles Weibische erfolgreich gewehrt. Wo einst vollmundig der Schwachsinn des Weibes behauptet und freudig begrüßt wurde, Wahlrecht und Weiblichkeit sich kategorisch ausschlossen und nach gegenteiligen Versuchen sich der Mannesstolz im Nationalsozialismus in seiner ganzen Großartigkeit erhoben hatte, da waren in der jungen deutschen Demokratie nur noch poetische Zweifel erlaubt. „Als Einzelne wirkt die Frau wie eine Blume im Parlament, aber in der Masse wie Unkraut“, wagte noch in den Fünfzigern ein kundiger Agrarpolitiker zu behaupten. Doch vergebens. Die vier Mütter des Grundgesetzes hatten dem Spuk vom besonderen Wesen des Weiblichen endlich ein Ende gesetzt. (➛ **Mütter**) Männer und Frauen sind gleichberechtigt. Punkt. Aus. Ein Drittel des bundesdeutschen Parlaments Unkraut? Macht nichts: Unkraut vergeht nicht. Das wusste schon die ➛ **Berliner Pflanze** Claire Waldoff, als sie lauthals zur Gitarre forderte: *Raus mit den Männern aus dem Reichstag*. Hätte *mann* nur früher auf sie gehört.

Ort
Reichstag, Platz der Republik 1,
10557 Berlin

Verkehrsanbindung
S 1, 2, 25, U 55 Brandenburger Tor

Quelle
http://de.wikipedia.org/wiki/Michael_Horlacher

mehr
Claudia von Gélieu: Vom Politikverbot ins Kanzleramt. Ein hürdenreicher Weg für Frauen, Lehmanns Media, Berlin 2008

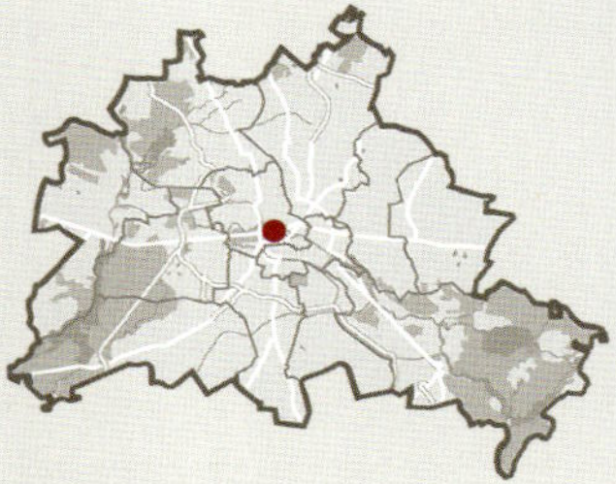

Warum nicht? Raus ist raus.

Rotlicht

Für die einen ist es der neueste Hit einer als Selbstbestimmung deklarierten Selbstvermarktung, für die anderen ein von Elend und Glanz geprägter Sklavinnenmarkt. Glanz in den Augen derjenigen, die von den allein in Deutschland geschätzten 15 Milliarden Euro Umsatz im Jahr den Gewinn abschöpfen. Glanz in den Augen der Freier, die für jeden Wunsch, wo und wie auch immer, eine willige Gehilfin finden. Und Glanz in den Phantasien Kunstschaffender, die im Schummerlicht des Bordells eine grandiose Gegenwelt bürgerlicher Langeweile beschwören.
Und Elend? Ist die Doppelmoral nicht vorbei, die unglückliche Frauen zum Verkauf ihres Körpers zwang, während die jungen Männer sexuelle Initiation bei den Prostituierten suchten und den richtigen Herrengestus übten? Hat nicht der freie Markt aus der geknechteten Hure die marktgerechte Anbieterin sexueller Dienstleistungen gezaubert?
In den Zeiten von Globalisierung und Eigenverantwortung ist jede selbst Schmiedin ihres Glücks. Peinlich ewiggestrig ist es, vom Elend zu reden, das sich hinter den drogensüchtigen Mädchen, den Überlebenden sexuellen Missbrauchs, den mit mehr oder weniger Zwang in die internationalen Bordelle gehandelten Frauen verbirgt. Millionen Freier können nicht irren, und so gibt man sich in Vortragssälen und Politrunden nur allzu gern der Illusion hin, Prostitution sei ein Akt von Selbstbestimmung und moralischer Befreiung. Doch was macht der Sex ohne Gegenüber mit den Männern, die ihn kaufen, den Menschen, die ihn liefern, und den Frauen, die gleichberechtigte Beziehungen suchen?
Rot ist die Farbe der Liebe. Rote Ampeln weisen den Weg ins Bordell. Eine zynische Farbenlehre, die von Liebe, Lust und prallem Leben tönt, wo Ausbeutung, Geschäft und männliche Allmachtsphantasien zelebriert werden.

Ort
Historische Ampelanlage (Verkehrsturm) am Potsdamer Platz, 10785 Berlin

Verkehrsanbindung
S- und U-Bahn,
Bus 200 Potsdamer Platz

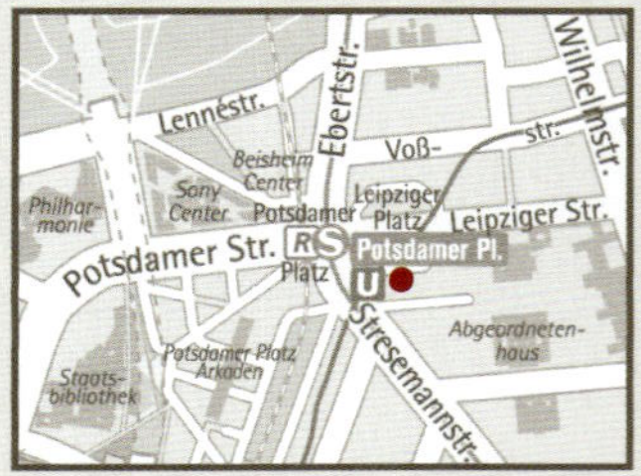

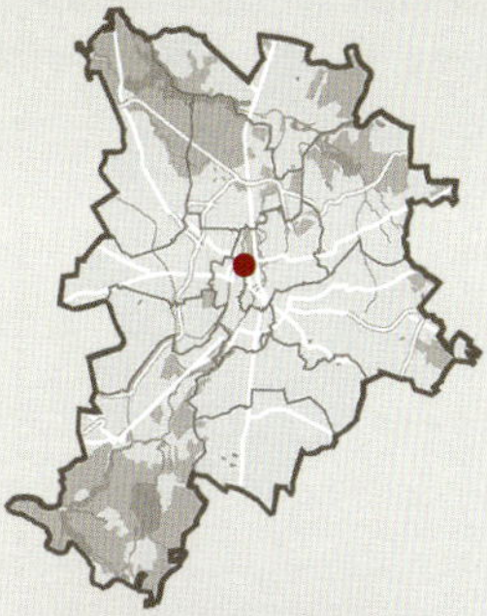

Lust und Gewinn für Freier und Zuhälter

Suppenlina

Der Eröffnungstermin wurde immer wieder verschoben. Was die Männer nicht vermochten, würde eine Frau nicht in drei Tagen vollbringen – so der Vorsitzende des Komitees der Volksküchen. Aber Lina Morgenstern, energisch, rastlos und durch und durch praktisch veranlagt, schaffte es. Am 4. Juli 1866 eröffnete sie die erste Berliner Volksküche auf Probe.

Mit Erfolg. Fünfzehn weitere Küchen folgten, mit denen Lina Morgenstern der ärgsten Not Paroli bot. Als Suppenlina ist sie berühmt geworden, doch ihr Engagement reichte darüber hinaus. Aufgewachsen in einer wohlhabenden jüdischen Familie, gründete sie bereits zu ihrem 18. Geburtstag den *Pfennigverein* zur Unterstützung armer Schulkinder mit Wäsche, Büchern und Schreibzeug. Sie schrieb Kinderbücher, um ihre Familie mit fünf Kindern zu ernähren, publizierte zu Erziehungsfragen und gründete acht Kindergärten sowie eine Schule für Kindergärtnerinnen. Sie prangerte das Problem der Prostitution öffentlich an und gründete einen Verein, der jungen Frauen half, dieser zu entkommen. (➛ **Perlen & Putzfrauen**)

Ihr Wohltätigkeitsverständnis zeugt von großem Gespür für die Probleme und Alltagssorgen von Frauen. Sie wollte nicht nur praktische Hilfe leisten, sondern auch der fatalen Geschlechtervormundschaft der Männer entgegenwirken. Mit der Publikation von 250 Frauenbiographien erinnerte sie an soziale und politische Traditionen. Sie scherte sich nicht um die Abgrenzung zwischen bürgerlicher, radikaler und sozialistischer Frauenbewegung und organisierte gemeinsam mit Minna Cauer im September 1896 den ersten internationalen Frauenkongress in Deutschland. Als leidenschaftliche Pazifistin bekämpfte sie den verhängnisvollen Weg von Militarismus und Chauvinismus und wurde damit auch zu einer Pionierin der Friedenspolitik.

Ort
Grab auf dem Jüdischen Friedhof Weißensee, Herbert-Baum-Straße 45, 13088 Berlin

Verkehrsanbindung
Tram M 4, M 13 Antonplatz oder Albertinenstraße

Quellen
Heinz Knobloch: Die Suppenlina. Wiederbelebung einer Menschenfreundin, Berlin 1997

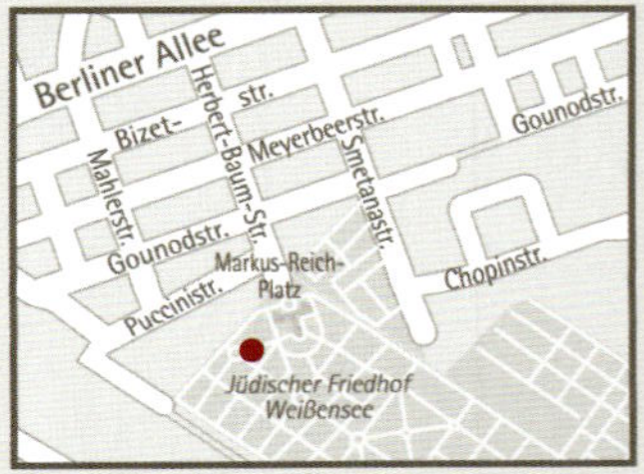

www.luise-berlin.de/bms/bmstxt97/9712prod.htm
Beate Neubauer und Claudia von Gélieu: Kurfürstin, Köchin, Karrierefrau, Berlin 2005

mehr

Gedenktafel Linienstraße 47, 10119 Berlin
Lina-Morgenstern-Oberschule, Gneisenaustraße 7, 10961 Berlin

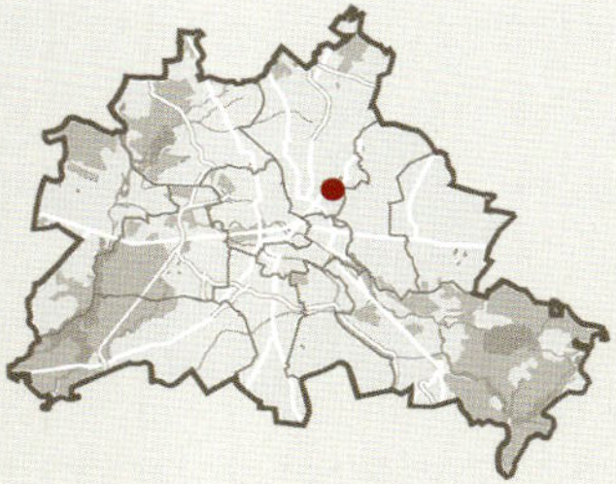

Traumfigur

Wer hier eintritt, kann auf eine Traumfigur hoffen. Hier residiert die letzte Meisterkorsettiere in Berlin. Die Inhaberin Ursel Rieck übernahm vor vierzig Jahren den Laden von ihrem Vater, der schon vor dem Krieg Korsetts und Büstenhalter auf Märkten verkaufte. Seine Frau war Weißnäherin, und so wuchs Ursel Rieck, die in der Nähwerkstatt zur Welt kam, zwischen Strapsen und Büstenhaltern, Korsagen und Korsetts auf. Sie sagt von sich selbst, dass sie ein Maßband im Auge habe. Mit diesem Auge erkennt sie die Problemzonen der Kundin sofort und hat stets eine Lösung parat. Ihr profundes Wissen in Sachen Figurformung hat Ursel Rieck an ihre Tochter weitergegeben, die inzwischen die Kundinnen und Kunden genauso kompetent berät wie ihre Mutter.

Korsett Engelke gehört eigentlich unter Denkmalschutz gestellt. Der Laden ist einmalig und entführt in eine Welt der handwerklich fundierten Lebenshilfe, die so ganz und gar unmodisch daherkommt. Wahrscheinlich sah es hier schon vor fünfzig Jahren so aus. Aus Kisten und Kasten quellen Spitzen und Bänder; BHs in tatsächlich allen Größen liegen in den Regalen; und in der Nähwerkstatt surrt die Nähmaschine, um – wie man bis dahin meinte – unmögliche Wünsche zu verwirklichen. Frau ahnt die Schätze, die dieser Raum birgt, und merkt schnell, dass sie hier den Traum von der Traumfigur nicht nur träumen darf. (➛ **Ideal**)

Ort
Ladengeschäft Korsett Engelke,
Kantstraße 109, 10627 Berlin

Verkehrsanbindung
U 7 Wilmersdorfer Straße

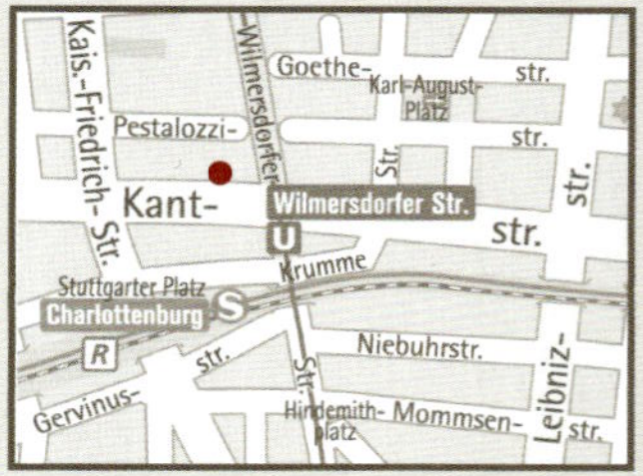

Quelle
Gabriele Bärtels: Die Korsett-Königin, in: Magazin der Berliner Zeitung vom 21./22. Januar 2006

Demokratie jetzt: Traumfigur für alle!

Tüte

Der Gang zum Bäcker ist so alltäglich wie die Gewalt, die Frauen in ihren eigenen vier Wänden erleiden müssen. Warum nicht die Alltäglichkeit der Gewalt in den Dingen des Alltags zur Sprache bringen? *Gewalt kommt nicht in die Tüte* – kurz und bündig und vieltausendfach auf Bäckertüten gedruckt, gelangt der Slogan zusammen mit Schrippen und Schusterjungs auf den Frühstückstisch.

Geboren in Saarbrücken aus Anlass des Internationalen Aktionstages *Nein zu Gewalt an Frauen* am 25. November 2001, wurde die Idee bundesweit aufgegriffen und variiert. Immer mehr Antigewalt- und Frauenprojekte, kommunale Frauenbüros, Bäckereien und Bürgermeister machen mit.

Die Kampagne läuft in Berlin seit sieben Jahren. Die Frauen- und Gleichstellungsbeauftragten der Bezirke, der Senat, Frauenorganisationen und viele Berliner Unternehmen tragen jährlich am 25. November die Botschaft unter die Leute: *Gewalt kommt nicht in die Tüte*. Unternehmen sponsern Kulis oder Schlüsselbänder, Tüten oder Wärmepads, Heizungsschlüssel oder Einkaufswagenchips.

Gewalt gegen Frauen ist ein hartnäckiges Problem. Erst seit gut dreißig Jahren gibt es das bundesweit erste Frauenhaus in Berlin, von der Frauenbewegung gegen erhebliche Widerstände erstritten. Frauenhäuser und Zufluchtswohnungen helfen Frauen, der Gewalt zu entfliehen. Ebenso wichtig ist es, der Gewalt vorzubeugen. Häusliche Gewalt ist eine Straftat und wird inzwischen von Polizei und Justiz entsprechend verfolgt. Dennoch ist das eigene Zuhause auch heute für viele Frauen und ihre Kinder der Ort, an dem sie Demütigung und lebensgefährliche Bedrohung erleben. (➛ **Ehre**)

Ort
Gedenkstein für Hatun Sürücü, Oberlandgarten 1, Ecke Oberlandstraße, 12099 Berlin

Verkehrsanbindung
S 41, 42, 46, 47,
U 8 Hermannstraße,
Bus 246 Oberlandgarten

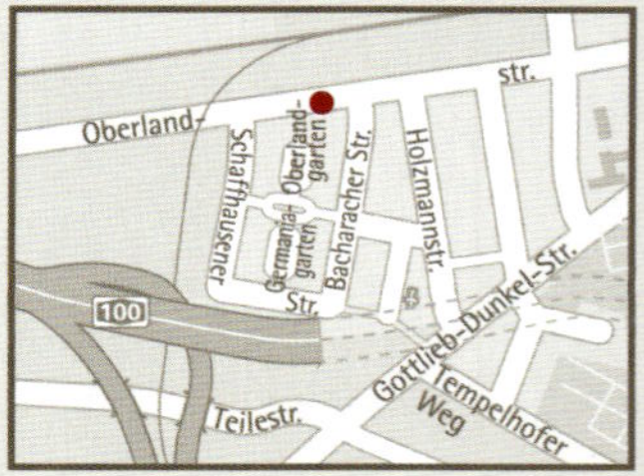

Quelle
Lisa Glahn: Frauen im Aufbruch. 20 Jahre Geschichte und Gegenwart Autonomer Frauenhäuser, Unrast Verlag, Münster 1998

mehr
www.big-koordinierung.de

Zigeunerinnen

Begehrlich und gefährlich, erotisch und exotisch, geheimnis- und temperamentvoll, schwarzhaarig und glutäugig, mit bunten Röcken und rasselndem Schmuck – fertig ist das Klischee der Zigeunerin, wie es in der Literatur, der Musik und der Malerei immer wieder und immer noch zu finden ist.

„Nehmt die Wäsche von der Leine, die Zigeuner kommen“, hieß es auf dem Lande. Andererseits besang man das lustige Zigeunerleben und träumte von der Freiheit der fahrenden Gesellen. Das Muster wirkt fort. Wenn sie auftauchen, die Roma und Sinti, die Kalé, Manouches, Gitanos oder Gypsies, ist die Aufregung groß. Bunt gekleidete Frauen mit ihren Kindern, die in den Straßen betteln. Romafrauen, die Autofenster putzen. Streit um Stellplätze in Tiergarten oder Dreilinden. Die Diskussion um klauende Kinder am Alex: Angst und Faszination liegen nahe beieinander. Zigeunerromantik ja, aber bitte nicht stören.

Den Nationalsozialisten waren die schwer zu reglementierenden Roma und Sinti generell verdächtig. Zur Olympiade 1936 wurde die „Zigeunerplage“ aus der Stadt vertrieben und nach Marzahn auf ein Gelände verschleppt, das bis dahin als Rieselfeld genutzt worden war. Die erzwungene Nähe zu Friedhof und Abwässern bedeutete eine entwürdigende Verletzung religiöser und kultureller Tabus. Es war der Auftakt zur Vernichtung von über 500 000 Roma und Sinti im sogenannten Familienlager des Vernichtungslagers in Auschwitz. (➛ **Alex**)

Erst 1986 erkannte der Berliner Senat das Lager Marzahn als Zwangslager an, erst jetzt konnten die wenigen Überlebenden eine Rente als politisch und rassistisch Verfolgte erhalten, erst jetzt wurde die Gedenkstätte errichtet. Die Carmen aus der Oper lebt in den Köpfen weiter, doch von dem Leben und Leiden der Frauen in den bunten Kleidern erklingt kein Lied.

Ort
Parkfriedhof Marzahn,
Wiesenburger Weg 10,
12681 Berlin, Gedenktafel in der Nähe des S-Bahnhofs Raoul-Wallenberg-Straße

Verkehrsanbindung
S 7 Raoul-Wallenberg-Straße

Quelle
www.minderheiten.org/roma

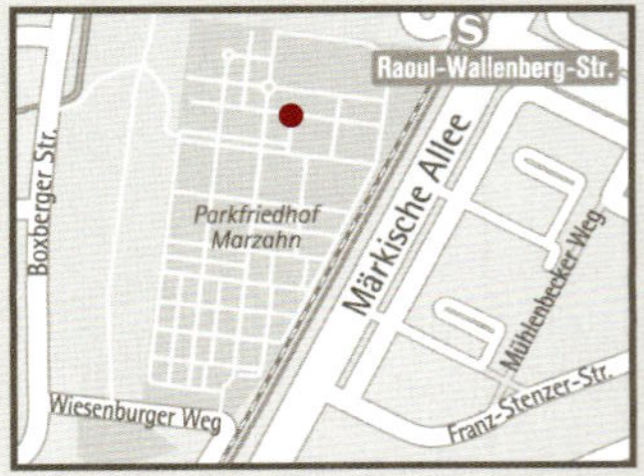

mehr
www.kein-verstecken.de/keinvergessenheft.pdf
www.sinti-roma-berlin.de
www.denkmal-berlin.de/2004/bernstein.htm
Torben Fischer und Matthias N. Lorenz (Hg.): Lexikon der „Vergangenheitsbewältigung" in Deutschland, transkript Verlag, Bielefeld 2009

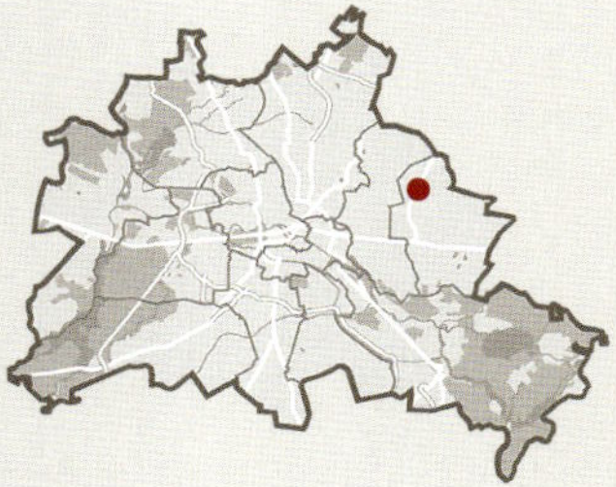

Die Liebe ist ein rebellischer Vogel.

Oasen
artemis

Artemisia

Als die Betreiberinnen des ersten Berliner Frauenhotels vor über zwanzig Jahren einen Radioaufruf starteten und um Ideen für die Namensgebung baten, bekamen sie einen überraschend durch die Frauengeschichte (➛ Clio) mäandernden Vorschlag.

Artemisia, als Wermut und Beifuß bekannt, ist in der traditionellen Frauenheilkunde als Jungfernkraut (➛ Jungfer) wegen seiner entspannenden Wirkung hoch geschätzt. Die Pflanze war der Göttin Artemis geweiht, der Isis, der Diane, der Jungfrau Maria. Ein Kraut der Frauen also und eine Pionierpflanze überdies, die – Mutter aller Pflanzen – als erste zur Stelle ist, wenn es neues Terrain zu besiedeln gilt.

Ganz der richtige Name also für Artemisia Gentileschi (1597–1653), die sich in der Blütezeit der Renaissance als erste Malerin den Zugang zur Kunstakademie in Rom erkämpft hatte. Berühmt wurde sie mit ihrem Gemälde *Judith enthauptet Holofernes*, auch, weil sie es wagte, den Mann anzuklagen, der sie im Atelier ihres Vaters vergewaltigt hatte. Wie ihre männlichen Kollegen nutzte sie Bilder aus der Bibel und der Antike zum künstlerischen Ausdruck, aber erstmals war es eine Frau, die ihren Schmerz, ihre Wut und ihre Kraft der Selbstbehauptung ins Bild setzte.

Von der karischen Fürstin Artemisia wird sie kaum etwas gewusst haben. Dabei zeichnete diese für eines der antiken sieben Weltwunder verantwortlich: das Mausoleum von Halikarnassos im heutigen Bodrum, das sie im vierten Jahrhundert vor Christus als Bauherrin vollendete, um von dort über Karien und Rhodos zu herrschen.

Eine Oase zum Wohlfühlen und ein Ort für Kunst zugleich, greift das Frauenhotel Artemisia diese verschlungenen Traditionen auf. Dem Berliner Beispiel folgten andere. Frauen, die allein reisen, genießen heute an vielen Orten die Selbstverständlichkeit eines frauenfreundlichen Quartiers.

Ort
Kräutergarten der Naturschutzstation Malchow e.V.,
Dorfstraße 35, 13051 Berlin

Verkehrsanbindung
Bus 154 und 259 Malchow/
Dorfstraße

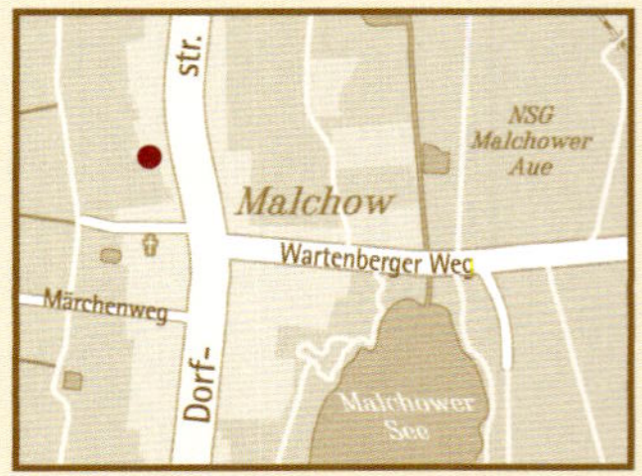

Quelle
www.frauenhotel-berlin.de

mehr
Susan Vreeland: Die Malerin. Roman, Diana Verlag, München/Zürich 2002

Beginen

Ein Blick auf die Karte ist überwältigend: Dicht an dicht im Südwesten Deutschlands und weit über die deutschen Lande verteilt, natürlich auch in Berlin, erstreckten sich die Niederlassungen der Beginen im Mittelalter. Frauen arbeiten, wirtschaften und wohnen zusammen – eine Idee, die nie ganz verloren ging, auch wenn die Stadtplaner, Bauhäusler und Wohnungsbauministerien der Moderne eher im Vater-Mutter-Kind-Schema dachten, wenn es ums Wohnen ging. Ob Beginenhof oder Nonnenkloster, ob Haus Ottilie, das die Architektin Emilie Winkelmann zu Beginn des 20. Jahrhunderts für die ersten Studentinnen erbaute, oder das von Frauen in den achtziger Jahren besetzte Hexenhaus – Frauen schaffen sich immer wieder Formen des selbstbestimmten Zusammenlebens.

In Berlin gibt es seit 2007 wieder einen Beginenhof. Fünfzehn Jahre hartnäckiger Bemühungen hatte es gebraucht, bis ein anspruchsvoller Neubau mitten in Kreuzberg entstanden war, der über fünfzig Frauen Raum für ein unabhängiges und gemeinschaftliches Leben bietet. Ein Glücksfall für die Nachbarschaft und Auftakt für weitere Projekte. Immerhin gibt es 600 000 alleinstehende Frauen in Berlin. Tendenz steigend.

Ort
BeginenWerk,
Erkelenzdamm 51–57,
10999 Berlin

Verkehrsanbindung
U 8 Kottbusser Tor

mehr
www.beginenwerk.de
www.berlin.de/ba-charlottenburg-wilmersdorf/bezirk/lexikon/hansemann-haus.html

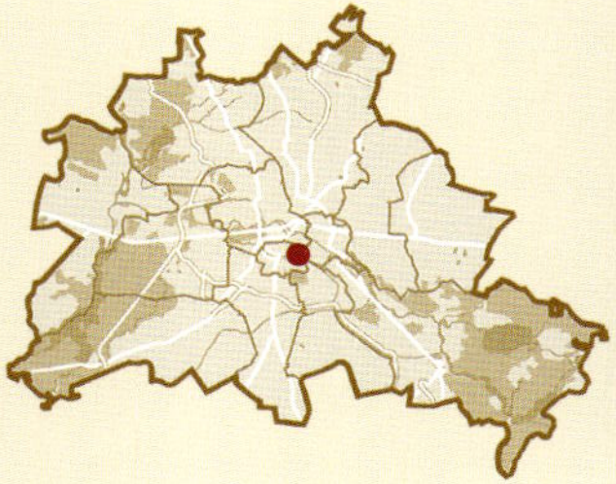

Bulette und Muckefuck

Berühmt ist Berlin für vieles, nicht jedoch für seine Küche. Die ist eher deftig: Buletten, Bockwurst, Eisbein, und das, obwohl sie im Laufe der Jahrhunderte vielfältigen französischen Einflüssen ausgesetzt war. Dies wird beim Lesen einer gewöhnlichen Speisekarte deutlich: Filet und Kotelett, Ragout und Bouillon, Pasteten und Omelett, Dessert und, und, und. Selbst die scheinbar typisch berlinische Bulette leitet sich vom französischen *boule* (Kugel) ab. 1685 hatte der brandenburgische Kurfürst Friedrich Wilhelm die in ihrer Heimat verfolgten Hugenotten in sein Land gerufen. Ende des 17. Jahrhunderts war jeder fünfte Berliner ein Glaubensflüchtling. Die Hugenotten brachten nicht nur Tabak, Spargel, Blumenkohl, Auberginen, Artischocken und Bohnen mit ins Land, sondern auch feinere Manieren, Tischsitten und Essgewohnheiten. (➛ **Fisimatenten**) Über die Nachhaltigkeit letztgenannten Einflusses kann man allerdings geteilter Meinung sein. Mit der neuen Kulinarik von *Fast Food, to go* und *Take-away* hat die Raffinesse ein wenig gelitten.

Die Küche des multikulturellen Berlins ist von unüberschaubarer Vielfalt. *Cross-over* ist das Gebot der Stunde – die mehr oder weniger gelungene Kreuzung von Küchen unterschiedlichster Provenienz.

Gegessen wird viel, gekocht wird zu Hause immer weniger, in Restaurants immer mehr. Das alltägliche unbezahlte Kochen in den Haushalten obliegt hauptsächlich den Frauen. Wo es Geld und Renommee fürs Kochen gibt, überwiegen die Männer. Aber die Frauen holen auf. Manche zählen gar, wie Sarah Wiener, die in Berlin drei Restaurants betreibt, zur Kategorie der Spitzenköche. Der Muckefuck hat übrigens zu Recht seinen schlechten Ruf: Als *mocca faux*, falscher Kaffee, erzählt er eine variantenreiche, aber unrühmliche Geschichte von Mangel und Armut.

Ort
Das Speisezimmer,
Chausseestraße 8, 10115 Berlin

Verkehrsanbindung
U 6 Oranienburger Tor, Bus 240
Torstraße / Oranienburger Straße

Quellen
Kulturamt Pankow (Hg.): Von märkischer Derbheit zu französischem Flair, Berlin 2000

Cyril Buffet: Fisimatenten. Franzosen in Berlin, hg. von der Ausländerbeauftragten des Berliner Senats, Berlin 2004

mehr

Arnt Cobbers: Berlin-Mitte. Der aufregendste Bezirk: Zwischen Tradition und Szene, Jaron Verlag, Berlin 2005

Goldene Göre

Am S-Bahnhof Wartenberg endet die S-Bahnlinie S 75. Unmittelbar am Bahnhof, umgeben von elfgeschossigen Hochhäusern, steht ein ehemaliger *Fresswürfel*, ein Schulkantinenbau, wie er in den Neubauvierteln der DDR üblich war. Die Schulen gibt es nicht mehr, der *Fresswürfel* wurde nicht mehr gebraucht.

Das war die Chance für *Pia Olymp*, ein Mädchensportzentrum, wie es nur wenige in Berlin gibt. Das Anliegen ist es, gezielt Mädchen in der Pubertät für den Sport zu begeistern – eine Zeit, in der viele Mädchen mit dem Sport der Kinderzeit aufhören, sei es, weil sie mit den Vereinsstrukturen nicht mehr zurechtkommen, weil sie andere Interessen entwickeln oder Sport als uncool empfinden. Die Umorientierung auf Clique oder Freund tut das ihre. Andererseits helfen Sport und Bewegung beim Überwinden der zahlreichen Klippen des Erwachsenwerdens, bei den Erschütterungen des eigenen Körperbildes und der Herausbildung einer eigenständigen und selbstbewussten Identität als Frau. Viele Gründe also, dem Auszug junger Mädchen vom Sportplatz entgegenzuwirken.

Gemeinsam mit den Fachfrauen von Baufachfrau Berlin e.V. aus Weißensee entwickelten die Mädchen von *Pia Olymp* Ideen für mobiles Sporttreiben in den Ecken und auf den Brachflächen des Kiezes. Sportgeräte zum Beispiel zum Skaten wurden erfunden und gebaut. Ein Hit ist die *Rollende Golferin*, ein Koffer mit einer transportablen Minigolfanlage, die an jeder Ecke – im Park, im Büro, im Seniorenheim – aufgebaut werden kann. Die *Golferin* kann im Mädchensportzentrum, in anderen Jugendfreizeiteinrichtungen oder beim IN VIA Frauentreff in Karlshorst ausgeliehen werden. 2006 wurde das Mädchensportzentrum mit dem Projekt *girls move* dritter Preisträger der *Goldenen Göre*, des höchsten Preises des Deutschen Kinderhilfswerkes. (➛ **Berliner Luft**)

Ort
Mädchensportzentrum Pia Olymp,
Am Berl 25, 13051 Berlin

Verkehrsanbindung
S 75 Wartenberg

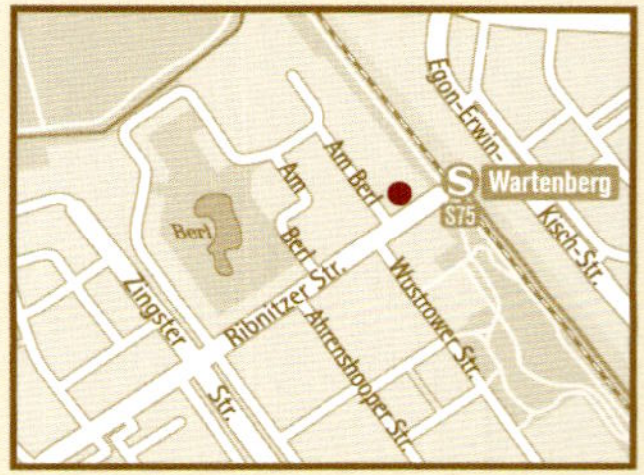

mehr
www.maedchensportzentrum-pia-olymp.de
Mädchensportzentrum des Vereins für Sport und Jugendsozialarbeit in Neukölln,
www.neukoelln-jugend.de/wildehuette/

jwd

Jwd – janz weit draußen, das ist seit eh und je der Sehnsuchtsort für vom Grau und dem Gerempel in der Stadt erschöpfte Berlinerinnen. Das konnte der Wannsee sein oder Usedom, die berühmte Badewanne Berlins an der Ostsee, oder La Gomera als Überwinterungshilfe für kohlenheizungsmüde West-Berlinerinnen in ganz grauen Wintern.

In Nachwendezeiten bekam Berlin, also West-Berlin, etwas geschenkt, was sich Umland nennt. Und die S-Bahn erschloss es. So sprossen und sprießen Wandergruppen und Tourenvorschläge und Restauranttipps und Kulturevents aus dem Boden, um der geneigten Hauptstädterin dieses Umland gang- und erlebbar zu machen.

Neben Wäldern, Seen und Badestränden finden sich jwd auch spannende Orte weiblichen Wirkens. Es darf gesucht werden.

Ort
Müggelsee, Licht- und Luftbad,
Fürstenwalder Damm,
12589 Berlin

Verkehrsanbindung
S 3 Friedrichshagen, dann Tram 61
Licht- und Luftbad Müggelsee

Pack die Badehose ein, nimm dein kleines Schwesterlein …

mehr

Schloss Wiepersdorf
Sommerwohnsitz und letzte Ruhestätte der Bettina von Arnim (1785–1859) (→ **Armenbuch**), heute Künstlerhaus, das seit Juli 2006 wieder Stipendiaten offensteht.
Bettina-von-Arnim-Straße 13, 14913 Wiepersdorf, www.schloss-wiepersdorf.de

Schloss Bad Freienwalde
Wohnsitz von Friederike Luise von Hessen-Darmstadt (1751–1805), der Witwe Friedrich Wilhelms II. (1744–1797),
Rathenaustraße 3, 16259 Bad Freienwalde

Schloss Mosigkau
Hochadeliges Fräuleinstift (1780–1945), das im Todesjahr der Prinzessin Anna Wilhelmine (1715–1780) entsprechend ihrer Verfügung als soziale Einrichtung für unverheiratete adelige Damen gegründet wurde und bis Ende des Zweiten Weltkriegs bestand (jetzt teilweise Museum).
Knobelsdorffallee 2/3, 06847 Dessau-Mosigkau

Schloss Oranienburg
Prinzessin Luise Henriette von Oranien (1627–1667), Gemahlin des Großen Kurfürsten Friedrich Wilhelm (1620–1688),
Schlossplatz 2, 16515 Oranienburg

Penzlin
Hexenkeller, noch 1703 gab es dort Hexenverbrennungen.
Museum Alte Burg, Warener Chaussee 55 a, 17217 Penzlin

Pfaueninsel
Weltkulturerbe, romantisches Schlösschen, seinerzeit „Römisches Landhaus“ genannt, maßgeblich beeinflusst durch die „schöne Wilhelmine“ (geboren als Wilhelmine Encke oder Enke, 1753–1820), 1796 zur Gräfin Lichtenau geadelt, Mätresse von König Friedrich Wilhelm II. (1744–1797).
Pfaueninselchaussee 1, 14109 Berlin

Schlosstheater im Neuen Palais Potsdam
Wirkungsstätte der Tänzerin Barberina Campanini (1721–1799), die von ihren Bewunderern, darunter Friedrich II., auch die Fliegende Göttin genannt wurde.
Am Neuen Palais, 14469 Potsdam

Rheinsberg
Schauplatz von Kurt Tucholskys (1890–1935) Roman „Rheinsberg. Ein Bilderbuch für Verliebte“, in dem er dem modernen, selbstbewussten Frauentyp der zwanziger Jahre ein Denkmal setzte (→ **Fräulein vom Amt**).
www.rheinsberg.de

Modemuseum Schloss Meyenburg
Sammlung Josefine Edle von Krepl 1900 bis 1970, Ausstellung, Café und Antikmodeladen, in dem man günstig historische Originale (Kleider, Hüte, Taschen und viele Accessoires aus dem 20. Jahrhundert) erwerben kann. Josefine Edle von Krepl besitzt eine der größten privaten Modesammlungen der Welt. Bereits zu DDR-Zeiten hat sie Kleider und Accessoires aus der Vergangenheit bewahrt, manchmal sogar vor der Mülltonne. Im heute angesagten Kiez um den Boxhagener Platz in Friedrichshain hatte sie in den achtziger Jahren eine Boutique, in der sie selbstentworfene und -geschneiderte Mode verkaufte, die reißenden Absatz fand. Ihre extravaganten Entwürfe mit dem kleinen Schildchen „Josefine" im Nacken wurden 1997 sogar in die Sammlung des Deutschen Historischen Museums aufgenommen.
www.modemuseum-schloss-meyenburg.de

Schloss Rheinsberg – alte Mauern, neue Frauen

Lola rennt

In 20 Minuten 100 000 Mark auftreiben – das ist viel verlangt, und so rennt Lola und rennt, um das Leben ihres Freundes zu retten. Was im Film so dramatisch daherkommt, ist im Alltag weit weniger spektakulär, aber präsent. Berliner Frauen und Mädchen rennen und joggen und laufen, was das Zeug hält: beim großen Frauenlauf zum Beispiel, dem Avon Running jedes Jahr im Mai, bei dem inzwischen rund 15 000 Läuferinnen durch den Tiergarten laufen oder walken. (➛ Amazone)

Berlin bietet mit seinen vielen Parks in fast jedem Bezirk ideale Möglichkeiten zum Laufen. Angesichts der knappen Freizeit der meisten Frauen ist die Grünstrecke vor der Haustür besonders wichtig. Sicherheit und Schutz vor freilaufenden Hunden (➛ Hund) entscheiden über das Laufvergnügen wie über die Entscheidung zum Laufen überhaupt. In vielen Parks ist da in Sachen Beleuchtung, Sicherheit und Kontrolle der Vierbeiner noch einiges zu tun. Ein Paradies für Läuferinnen ist in jeder Hinsicht der Britzer Garten.

Das Laufen selbst ist wie vieles im Leben eine Frage des Temperaments. Die eine läuft allein, die andere mit Musik, die dritte liebt den Pulk zum Schwatzen oder zur Überwindung des inneren Schweinehunds.

Auch wenn die Natur den Menschen alles Notwendige zum Laufen mitgegeben hat, die Sportbekleidungsindustrie hat einigen Nachbesserungsbedarf entdeckt, inzwischen auch geschlechtsdifferenziert. Wer sich zur Spezies der Kurzbeinigen, Breithüftigen oder Kurzrumpfigen zählen mag, wird mit speziellem Schuhwerk getröstet. Alle anderen gelten als Männer und kriegen auch Schuhe. Darüber nachzudenken, blieb Lola keine Zeit. Sie lief mit dem, was sie am Leibe hatte, und siehe da: Es ging gut.

Ort
Britzer Garten,
Mohriner Allee 142, 12347 Berlin

Verkehrsanbindung
Bus 181 Rotkopfweg

mehr
www.frauenlauftreffrudow.de
Avon Running Berlin unter
www.frauen-lauf.de
„Lola rennt“, Spielfilm von Tom
Tykwer, D 1998

Laufen macht gesund und glücklich, wird aber nicht gefördert.

Nullachtfuffzehn

Eine Bankrotterklärung der Architektur, eine beliebige Ware, von Ingenieuren und nicht von Architekten geschaffen, so schimpfte Brigitte Reimann über Trabantenstädte, die aus dem Boden gestampft wurden. Franziska Linkerhand, Romanheldin und Architektin, die ihren jugendlichen Elan auf maroden Baustellen langsam verliert, ist eine frühe, wenn auch fiktive Vertreterin der seltenen Gattung Architektin. Das Gesicht unserer Städte wird von Männern geprägt. Fast immer. Dabei finden Architektinnen oft einen guten Weg zwischen dem Geniekult der Großarchitekten und der Einfallslosigkeit von Zweckbauten. Auch wenn heute niemand mehr bestreitet, dass die 08/15-Häuser in Großplattenbauweise zur Beseitigung der Wohnungsnot ihre Berechtigung hatten (➛ Platte) - es gibt auch Beispiele, dass es anders geht.

Im Rahmen der Internationalen Bauausstellung in den achtziger Jahren baute Inken Baller zusammen mit ihrem Mann am Kreuzberger Fraenkelufer wunderbar filigrane Häuser für den sozialen Wohnungsbau. Die Architektin betont, dass Architektinnen stärker problemorientiert arbeiten und mehr die Belange der künftigen Nutzerinnen und Nutzen im Blick haben als die eher fassadenorientierten Kollegen.

Dabei entstehen Wohnhäuser, die ihre ästhetische Bedeutung aus der Konzentration auf die Bewohnerinnen und Bewohner entfalten. Wie das Kreuzberger Wohnhaus der international renommierten Architektin Zaha Hadid, die als erste und bisher einzige Frau die bedeutendste Ehrung für Architekten, den Pritzker-Preis, erhielt und spektakuläre Bauten weltweit realisiert hat. Oder wie der Beginenhof, den Barbara Brakenhoff mit Verve am Erkelenzdamm baute. Die demographische Entwicklung braucht solche zukunftsweisenden Entwürfe für gemeinschaftliche Wohnformen in der Innenstadt. (➛ Beginen)

Ort
Stresemannstraße 105 – 109,
10117 Berlin

Verkehrsanbindung
S- und U-Bahn,
Bus 200 Potsdamer Platz

Quellen
Cornelia Carstens, Margret Luikenga und Stephanie von Ow: Immer den Frauen nach!, hg. vom

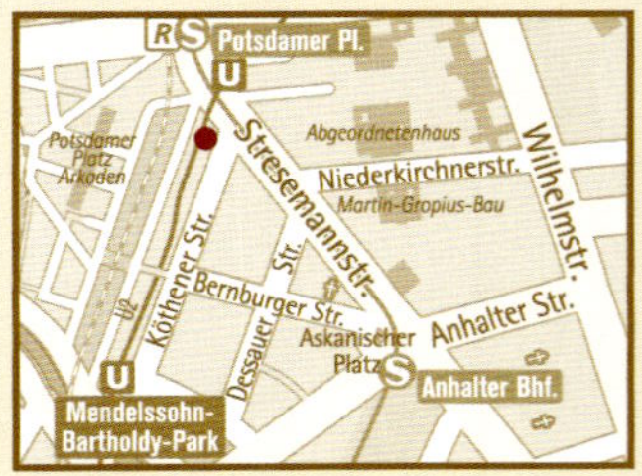

Berliner Geschichtswerkstatt e.V., Berlin 1993

Brigitte Reimann: Franziska Linkerhand. Roman, Verlag Neues Leben, Berlin 1974

mehr

Sonia Ricon Baldessarini: Wie Frauen bauen. Architektinnen von Julia Morgan bis Zaha Hadid, Aviva Verlag, Berlin 2001

www.fopa.de

Paradies

Berlin ist grün. Rund 2500 öffentliche Parks und Grünanlagen dienen Mensch und/oder Hund für Auslauf und Erholung. Und dann gibt es noch 76 165 Parzellen, auf denen die Berliner Subspezies der Kleingärtner dem alten Menschheitstraum vom Paradies Leben einhaucht. Auf mehr als 3130 Hektar wird gepflanzt und geerntet, gegraben, gejätet und gewässert, gesonnt, gestritten und gefeiert, begleitet vom Angrillen, Durchgrillen und Abgrillen. Kleingärten verringern Lärm, binden Staub, lockern die städtische Bebauung auf und befrieden den Hang zur eigenen Scholle in stadtverträglichem Maße. (➛ **Berliner Luft**)

Wie überall entstanden die Gärten im Zuge der Industrialisierung, um den Arbeiterfamilien zu ermöglichen, den im Sinne des aufstrebenden Kapitals nur knapp bemessenen Lohn durch weitere Anstrengungen zu ergänzen. Die erste parzellierte Schrebergartenanlage in Berlin wurde im Volkspark Rehberge errichtet, im großen Arbeiterquartier Wedding also.

Nach dem Krieg diente so manche Datsche auch als Wohnraum, was im Zuge der Immobilienpreisentwicklung immer weniger gern gesehen wurde. Nach dem Mauerfall wurde das zum echten Problem, da im Ostteil der Stadt die Gärten bis dahin vom Verwertungsdruck frei geblieben waren. Inzwischen gelten die Kolonien als ökologische Reserven und müssen nur manchmal einem Autobahnteilstück weichen.

In Großwohnsiedlungen wie Marzahn-Hellersdorf (➛ **Platte**) durften Mieter, um das Wohnen attraktiver zu machen, auf den Brachflächen kleine Gärten anlegen. Die Lust am Gärtnern ist völkerübergreifend: In interkulturellen Gärten wie dem Wuhlegarten ackern Gartenfreunde aus elf Nationen. (➛ **Multikulti**) Wenn dann am Grill die Jäger fachsimpeln und in der Küche der Rezepttausch beginnt, ist das Paradies so nah wie nie.

Ort

Kleingartenanlage „Berg und Tal“, zu sehen vom S-Bahnhof Greifswalder Straße, 10407 Berlin

Verkehrsanbindung

S 8, 41, 42, Tram M 4 Greifswalder Straße

Quelle
www.stadtentwicklung.berlin.de/umwelt/stadtgruen/kleingaerten/

Zwischen Grill und Hecke ist die Welt noch in Ordnung.

Pietà

Nachdem ihr Sohn im Ersten Weltkrieg gefallen war, formte die trauernde Käthe Kollwitz eine kleine Skulptur, der christlichen Pietà nachempfunden: die Mutter mit dem toten Sohn im Schoß. Fast achtzig Jahre später wurde die kleine Figur auf ein Vielfaches vergrößert und so in der Neuen Wache Unter den Linden ins Zentrum der dort neu eingerichteten Gedenkstätte der Bundesrepublik Deutschland gestellt.

Die erbitterte Diskussion um das neue nationale Selbstverständnis des vereinten Deutschlands erreichte damit einen Höhepunkt. Hier, wo der *Opfer von Krieg und Gewaltherrschaft* offiziell gedacht werden sollte, wo der Streit tobte, ob man ermordeter Juden und gefallener SS-Soldaten gleichermaßen gedenken darf, wo das diffamierende Wort von den „Menschensortierern“ (Martin Walser) fiel, als die Benennung einzelner Opfergruppen anstand – hier sollte ausgerechnet das christliche Motiv der um ihren Sohn trauernden Gottesmutter die zentrale Bildaussage bestimmen? Was sollen die jüdischen Opfer damit anfangen? Wo finden die Millionen ermordeter, verhungerter, exilierter, vertriebener und vergewaltigter Frauen und Mädchen einen Ausdruck für ihr Leiden? Die Pietà als zentrales Bild nationalen Gedenkens blendet den Völkermord und das Leiden von Frauen aus. Sie inszeniert das Bild des Krieges als Begegnung mutiger Kämpfer in offenen Schlachten. Doch der junge deutsche Krieger war weder das einzige noch das eigentliche Opfer. Er tötete Alte, Väter und Söhne, er vergewaltigte Mütter und Töchter. Er trug das Morden in Dörfer, Kirchen und Synagogen in ganz Europa, in Schluchten, Ghettos und Gaskammern. Unter welchen Trümmern, in welchem Massengrab liegt seine Mutter? Das innige Bild von trauernder Mutter und gefallenem Sohn erzählt eine falsche, eine kitschige Geschichte von Krieg und Gewaltverbrechen.

Ort
Neue Wache,
Unter den Linden 4,
10117 Berlin

Verkehrsanbindung
Bus 100, 200 Staatsoper

mehr
Orte in Berlin, die an Käthe Kollwitz erinnern: Kollwitzplatz und Kollwitzstraße in Prenzlauer Berg, Käthe-Kollwitz-Museum, Fasanenstraße 24, 10719 Berlin
Silke Wenk: Die Mutter in der Mitte Berlins. Strategien der Rekonstruktion eines Hauptstadtzentrums, in: Gisela Ecker (Hg.): Kein Land in Sicht. Heimat – weiblich?, München 1997

Platte

Die Großplattenbauweise, als *Platte* zu einem Synonym für DDR-typisches Bauen und Wohnen geworden, hatte ihre Anfänge bereits in den zwanziger Jahren des vergangenen Jahrhunderts. 1927 wurde in Berlin-Lichtenberg die erste deutsche Plattenbausiedlung eingeweiht. Aber auch das Anfang der dreißiger Jahre beendete Wohnungsbauprogramm *Neues Frankfurt* wurde teilweise in Plattenbauweise realisiert.

In der DDR entschloss man sich erst Mitte der fünfziger Jahre zu dieser Art des Wohnungsbaus. Die Devise hieß: Schneller, billiger und besser. Das industrielle Bauen versprach ein hohes Bautempo, niedrige Kosten und eine höhere Lebens- und Wohnqualität. Massenhaft wurden die industriell gefertigten Betonplatten zu Wohnblöcken montiert, und fast jede, die eine solche Neubauwohnung erhielt, fühlte sich als Glückspilz. *Einzug ins Paradies* hieß denn auch eine DDR-Fernsehserie (1985), in der die Freuden und Leiden der frisch eingezogenen Bewohnerinnen und Bewohner eines Elfgeschossers geschildert wurden. Auch im Westen der Stadt entstanden Wohngroßsiedlungen wie die Gropiusstadt oder das Märkische Viertel vorwiegend in industrieller Bauweise.

Hüben wie drüben bemängelt man heute die architektonische Gleichförmigkeit (➛ **Nullachtfuffzehn**) und die all diesen Bauten eigenen winzigen Küchen (obwohl ihr Vorbild die seinerzeit als fortschrittlich gefeierte *Frankfurter Küche* war), man nennt aber inzwischen auch Vorteile solcher Wohnsiedlungen: großzügiges Freiflächen- und Grünangebot, weniger Gefahren für Kinder durch Verkehr, weniger Umweltbelastungen durch Gewerbe, fußgängerfreundliche Gestaltung der Zentren. Mit Gärten, Terrassen und künstlerischen Experimenten wird für die Wiederbelebung der Platte geworben.

Ort
Splanemann-Siedlung,
Sewanstraße / Splanemannstraße,
10319 Berlin

Verkehrsanbindung
U 5 Tierpark

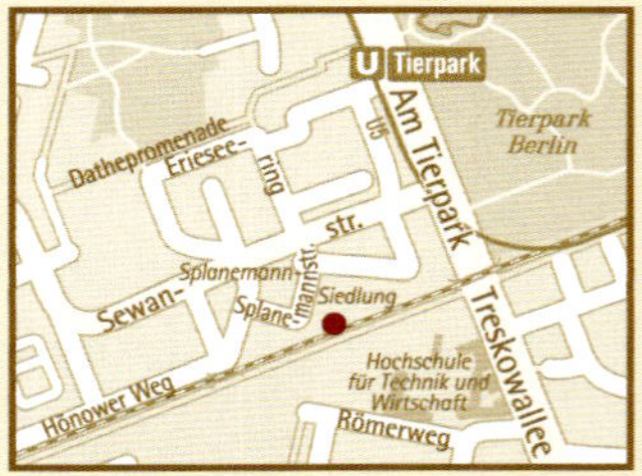

mehr

Pension 11. Himmel – Übernachtung in der Marzahner Platte, Telefon (030) 93 77 20 52

Museumswohnung Hellersdorfer Straße 179, 12627 Berlin, originalgetreu eingerichtete 3-Raum-Plattenbauwohnung, Besichtigung sonntags von 14 bis 16 Uhr oder nach telefonischer Absprache 0151 16 11 44 40

Feine Platten gibt es auch.

Primadonna

Setzmaschinen so groß wie Kleiderschränke, Disketten im Pizzaschachtelformat und ein Leuchttisch mit Schere und Kleber – so wurde in Nachtschichten (da gab es die Räume umsonst) die, wie sie sich stolz nannte, erste postmoderne Frauenzeitschrift produziert. Was heute technisch vorsintflutlich erscheint, war ein intellektuell ambitioniertes Projekt. Die *Primadonna*, klug und schön, postmodern, aber ganz sicher nicht postfeministisch, tanzte aus den Köpfen – und Händen – ihrer Macherinnen in die letzten Jahre des alten West-Berlins hinaus. *Primadonna* war ironisch, aber immer ernst gemeint, feministisch selbstverständlich, aber ziemlich von oben herab, eine Spielwiese für ambitionierte Geister, offen für avantgardistische Experimente und soziokulturell wie journalistisch eine Herausforderung für die Redaktion. *Drei Dinge braucht die Inge*, so hieß die Kolumne, was will man mehr? Das Patriarchat wurde verspottet, ja, aber nicht verleugnet. Das Zeitungsmachen als Urszene intellektueller Bewusstwerdung führte Damen, Dramen und Diskurse zu wahren Höhenflügen.

Von bestürzender Armut und innerer Zerrissenheit zeitgleich mit der Mauer zu Fall gebracht, teilte *Primadonna* das Schicksal vieler frauenbewegter Szenezeitschriften. Ein paar Jahre Verständigungsort für eine feministische Generation, die am Denken weiterdreht und dann eigene Wege geht. Andere folgten, *Blau* oder *Ypsilon*, inzwischen Internetmagazine. Solidere Schwestern wie *Emma, Blattgold* oder *Aviva* bieten zuverlässig Informationen und Berichte. Der Charme der intellektuellen Träume freischwebender Nachwuchsfeministinnen bleibt davon unberührt.

Ort

Die ehemaligen Räume von „Gegensatz" in Kreuzberg, Eisenbahnstraße 4, 10997 Berlin

Verkehrsanbindung

U 1 Schlesisches Tor oder Görlitzer Bahnhof, Bus 140 Wrangelstraße

mehr
http://ffbiz.iserver-online.de
Primadonna in Suchmaske
eingeben

Jede Menge Platz für feministische Höhenflüge

Schokolade

Ich will keine Schokolade, ich will lieber die Fabrik! Das mag das heimliche Motto gewesen sein, als Frauen aus der feministischen und autonomen Szene 1981 die jahrelang leerstehenden Gebäude einer ehemaligen Schokoladenfabrik mitten in Kreuzberg besetzten. Innerhalb weniger Wochen wurden im Winter 1980/81 weit über hundert Häuser in Berlin besetzt, um gegen die Kahlschlagsanierung zu protestieren und guten Wohnraum zu erhalten.

Doch die Frauen in der *Schokofabrik* hatten noch mehr im Sinn. Sie träumten von einem Kiezzentrum, wo Frauen ihre Vorstellungen von Politik, Freizeit, Kunst, Erziehung und Sport frei entfalten und umsetzen konnten. Die Künstlerinnengruppe *Schwarze Schokolade* nutzte die Offenheit der noch unsanierten Fabriketagen für experimentelle Aktionen. In der Kita *Schokoschnute* durften Mädchen und Jungen ohne Rollenzwänge aufwachsen. Der erste Berliner Hamam entstand trotz finanzieller und baurechtlicher Hürden. Ökologische Bauweisen an Dach und Toiletten wurden ausprobiert. Besucherinnen aus ganz Europa kamen und staunten über mehr als 2000 Quadratmeter von Frauen bestimmtes Terrain. Wilde Tanzfeste von Tango bis Techno begeisterten Tausende und spielten Geld ein für den Ausbau des Schokocafés, der Sportetagen, für Bildungsarbeit und Beratungsangebote wie das Frauenkrisentelefon, Alphabetisierungs- und Deutschkurse sowie Mädchenarbeit. Unzählige Frauen brachten mit ihren Ideen und ihrem Engagement für Frauen Leben in die Räume. Das Projekt fand viele Unterstützerinnen im Kiez, in der Stadtentwicklung, im Senat. Schließlich gelang es sogar, die Schokofabrik mit Hilfe vieler *Patentanten* zu kaufen und damit langfristig zu retten.

Räume für Frauen – das hat noch immer Seltenheitswert. Die Schokofrauen haben ihre Träume groß und wahr werden lassen. Ohne Schokolade – und fast ohne Mann.

Ort
Frauenzentrum
Schokoladenfabrik e.V.,
Mariannenstraße 6,
10997 Berlin

Verkehrsanbindung
U 1 Görlitzer Bahnhof

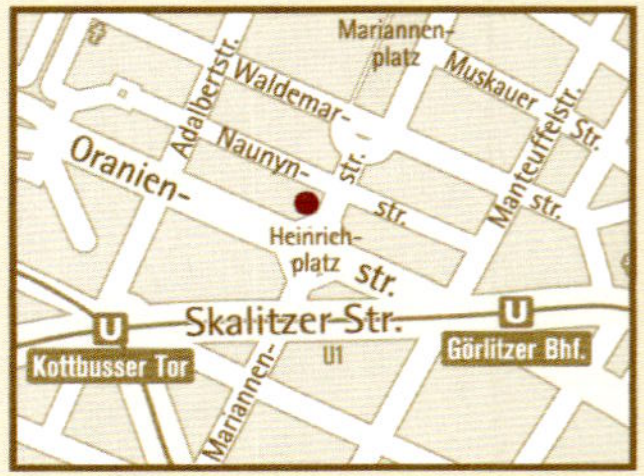

mehr
www.schokofabrik.de

Schokolade gibt es auch – im Café Marianne.

Tomaten

Mit dem legendären Tomatenwurf der Studentin Sigrid Damm-Rüger auf dem Kongress des Sozialistischen Deutschen Studentenbundes (SDS) 1968 in Frankfurt am Main betrat die neue deutsche Frauenbewegung die Bühne der 68er. Die Genossen waren *not amused*. Alles wollten sie befreien – sich selbst, die Sexualität, Arbeiter, Bauern und die Dritte Welt. Doch das Begehren von Frauen nach Emanzipation und Gerechtigkeit taten sie in konsequent konservativer Manier als unbedeutend und lächerlich ab. Der Berliner Aktionsrat zur Befreiung der Frau wollte mit den Genossen diskutieren. Das empfanden diese als Zumutung. Das Herrschaftsverhältnis der Geschlechter – ein blinder Fleck in Theorie und Praxis.

Die Frauen machten sich allein auf den Weg – ein Weg, der über Kinderläden und Frauenzentren, Aktionsräte und autonome Gruppen, Buchläden und Zeitschriften führte. Ein unersättliches Verlangen nach Lektüre, Aufklärung, Austausch, Analyse und Kritik der patriarchalen Zustände, nach Widerstand, Aktionismus und phantasievollen Alternativen brach sich Bahn. Die wichtigste Parole der Zeit lautete: Das Private ist politisch. Was Frauen in ihren vier Wänden, in ihren Ehen und Familien, in der Erziehung und auf dem Arbeitsmarkt erlebten, wurde als Ergebnis von Politik, Tradition und männlichem Machtanspruch erkannt – und aus dem Nebel des Naturhaften und Gottgewollten befreit. So viel Analysefähigkeit war den marxismusgeschulten Genossen zu viel. Ihre geschlechterpolitische Kompetenz gipfelte in der Erkenntnis: *Wer zweimal mit derselben pennt, gehört schon zum Establishment*. Na ja. Alle zehn Jahre gedenken die Helden wieder gerührt ihrer rebellischen Jugend. Am schönsten war natürlich der Busen von Uschi Obermaier. Was wollen Frauen mehr?

Ort
Wohnhaus der Kommune 1,
Stuttgarter Platz,
Ecke Kaiser-Friedrich-Straße,
10627 Berlin

Verkehrsanbindung
S 5, 7, 9 Charlottenburg

mehr
http://de.wikipedia.org/wiki/Aktionsrat_zur_Befreiung_der_Frau
Wie weit flog die Tomate? Eine 68erinnen-Gala der Reflexion, hg. von der Heinrich-Böll-Stiftung und dem Feministischen Institut, Berlin 1999
Ute Kätzel: Die 68erinnen. Porträt einer rebellischen Frauengeneration, Rowohlt Verlag, Berlin 2002

Wo alles anfing: sexuelle Befreiung am Stutti

Unterm Bambusdach

In Berlin leben offiziell mindestens 11 000 Menschen vietnamesischer Herkunft, die meisten von ihnen in Lichtenberg und Marzahn-Hellersdorf. Bis heute gibt es in der vietnamesischen Community weitgehend getrennte Welten zwischen Ost und West: ehemalige Bootsflüchtlinge aus Südvietnam und ehemalige Vertragsarbeiter/-innen und ihre Familien, die meist aus Nordvietnam stammen und in Ost-Berlin arbeiteten. Die *boat people* und ihre Familien im Westen sind meistens gut integriert, erhielten bei ihrer Ankunft Aufenthaltsrecht, Arbeitserlaubnis und Sprachkurse sowie Ausbildungsangebote. Die Vertragsarbeiter/-innen dagegen sollten ursprünglich nach fünf Jahren wieder ausreisen. Sie erhielten nach dem Mauerfall nur ein Bleiberecht, wenn sie sich selbst finanzieren konnten, und ernähren sich mühsam mit Blumen- oder Lebensmittelläden, Marktständen mit Textilien oder Imbissbuden.

Eine kleine Insel in Alt-Hohenschönhausen ist das Projekt *Unterm Bambusdach*, wo sich ehemalige Vertragsarbeiterinnen treffen und sich gegenseitig helfen.

Ein Ort speziell für vietnamesische Frauen ist *Vinaphunu*. Hier können die Frauen Deutsch lernen, eine Sozialarbeiterin hilft bei der Arbeits- und Wohnungssuche, berät bei Schwangerschaft und Eheproblemen, informiert zu Kindererziehung und unterstützt bei Behördengängen. Rechtsberatungen mit Dolmetscher, eine Lese- und Videobibliothek, gemeinsame Reisen und Exkursionen und die alljährliche Feier des Tetfestes kommen hinzu.

Integrationsprobleme vietnamesischer Familien werden kaum nach außen getragen. Da Bildung in der vietnamesischen Kultur einen sehr hohen Stellenwert hat, gehören die Kinder in den Berliner Schulen oft zu den Besten. Ihretwegen bleiben viele Eltern in der Fremde. (→ **Multikulti**)

Ort
Unterm Bambusdach,
Frauenprojekt der Bürgerinitiative
Ausländische MitbürgerInnen e.V.,
Neustrelitzer Straße 63,
13055 Berlin

Verkehrsanbindung
Tram M 6 Genslerstraße
oder Arendsweg,
Bus 256 Liebenwalder Straße

Quellen
www.multikulti.de/dossier/sommer/ein_tag_vietnam.html
www.vinaphunu.de

Thuy Nonnemann u. a.: Vietnamesen in Berlin. Exil und neue Heimat, hg. von der Ausländerbeauftragten des Berliner Senats, Berlin 1997

mehr
Uta Beth und Anja Tuckermann: Heimat ist da, wo man verstanden wird. Junge VietnamesInnen in Deutschland, Archiv der Jugendkulturen e. V., Berlin 2008

Anhang

Namensregister

Stichwörter

Abbildungsnachweise

Seite 6/7
Rahel Varnhagen: aus Wikimedia Commons http://projects.exeter.ac.uk/gutzkow/Gutzneu/gesamtausgabe/Archiv/Bilder/ZeiGutz/VarnhR1g.jpg
Bundeskanzleramt: © Bernd Kröger - Fotolia.com
Rosa Luxemburg: aus Wikimedia Commons
Rumplertaube: Jürgen Krämer
Amazone: aus de.wikipedia.org „Meyers Konversations-Lexikon" von 1885 –1890

Seite 38/39
Lise Meitner: Helmholtz-Zentrum Berlin
Kläre Bloch: Kläre-Bloch-Schule, Berlin

Seite 72/73
Heilige Sippe: www.heiligenlexikon.de
Tango: aus Wikimedia Commons, Schorle de.wikipedia.org/wiki/Datei:Cachafaz.jpg

Hedwig Courths-Mahler: DHM, Berlin
Käte Frankenthal: Bezirksamt Neukölln von Berlin, Heimatmuseum, Archiv

Seite 102/103
Frauenporträt: © 47media - Fotolia.com

Seite 134/135
Telefon: German Wikipedia / Bran
Weltzeituhr: © moonrun - Fotolia.com
Waschfrau: aus Wikimedia Commons, Heinrich Zille
Modefoto: Bundesarchiv, Bild 183-E0905-0034-001, Zentralbild, Hochneder
Funkturm: © Imken - Fotolia.com

Seite 164/165
Else Ury: Sammlung Ernest Klaus Heymann, London

Frauen: aus Wikimedia Commons
Quelle: http://www.frauenmediaturm.de/dossier_augspurg.html
Von links nach rechts: Anita Augspurg, Marie Stritt, Lily von Gizycki, Minna Cauer und Sophia Goudstikker, um 1896
Claire Waldoff: aus Wikimedia Commons
Quelle: Bundesarchiv, Bild 183-R07878 / CC-BY-SA 3.0
Mauerbild: © fuxart - Fotolia.com

Seite 196/197
Bettina von Arnim: © Bildagentur bpk
Artemisia Gentileschi: aus Wikimedia Commons
Quelle: Web Gallery of Art (http://www.wga.hu/frames-e.html?/html/g/gentiles/artemisi)

Meine Spreeperlen

Impressum

Spreeperlen. Berlin – Stadt der Frauen

Herausgeberinnen:
Gabriele Kämper,
Geschäftsstelle Gleichstellung,
Senatsverwaltung für Arbeit,
Integration und Frauen Berlin

Landesarbeitsgemeinschaft der
bezirklichen Frauen- und
Gleichstellungsbeauftragten Berlins

Konzept und Endredaktion:
Dr. Gabriele Kämper

Redaktionsteam:
Sylvia Edler
Heike Gerstenberger
Brigitte Heinrich
Brigitte Kowas
Christine Rabe
Regina Schmidt

Mitarbeit:
Marion Winter

Lektorat:
Jana Fröbel
Brigitte Heinrich
Anja Meierkord

Fotos:
Kerstin Grune, Berlin
Andreas Strauß (S. 117)
Redaktion (S. 15, 17, 41, 65, 79, 107, 159, 189, 225)
www.heiligenlexikon.de (S. 75)
www.graphoto.com (S. 209)

Gestaltung, Titelbild und Collagen:
Kerstin Bigalke, Berlin,
www.studiographoto.com

Kartografie:
Kartopolis, www.kartopolis.de

1. Auflage 2012
edition ebersbach
www.edition-ebersbach.de

Druck und Bindung:
Offizin Andersen Nexö, Leipzig

Printed in Germany
ISBN 978-3-86915-046-8